曾寶儀

50堂最療癒人心的說話練習

在溝通中肯定自己，觸動他人

推薦1

心的感受・腦的輸出・你的態度

演藝界教母・最溫暖的師父張小燕

書上寫：我是在寶儀二十五歲的時候簽下她。

我在這裡聲明一下，當時看上她的時候，眞不知道她的爸爸是曾志偉。

而且我還以爲她只有十九歲。

爲什麼會簽下她呢？那時候她做幕後，長得清秀又靈氣，有想法，有禮貌。相談之下感受到她對演藝圈充滿熱情、好奇跟會想要努力的態度。從此以後，不管是唱歌出專輯、演戲當女主角，當主持人，沒有一件事難得倒她。

寶儀進入這個圈子，眞的不是靠爸族。

她進入我們公司，開始主持節目的時候，甚至還把媽媽——「寶媽」，帶進電視圈，跟她一起工作。

成名了以後，才跟爸爸有了少許的合作，在大陸發展時，兩人還一起參加眞人秀，更重要的是可以跟爸爸一起主持。寶儀會說中文，會說廣東話，與一口流利的英語。所以在主持方面她比別人有更多的機會。

這幾年弟弟也當了導演。一門三傑。這也是寶儀常常覺得最驕傲的事情。

當寶儀拿著她這本書的書稿，請我寫序的時候，我心裡想……這個女孩眞的是我想像的當年的寶儀，對人生、對事物、對工作都有著過分認眞跟要求。

我看完這本書，我覺得她不只是在教你說話的方式，其實她是在教你認識自己，知道自己。

當然看了這本書，我也了解寶儀在這幾年中，她到底做了些什麼。

她可是我認識的人當中，少數能一直在追求心靈上的滿足，跟自我反省的。

人家說：「師父領進門，修行在個人。」

看完這本書，我只能對寶儀說：敬佩！敬佩！敬佩！（爲什麼要說三次？因爲很厲害。）恭喜喔。

「說話」——從來都不是嘴巴的事情。

「說話」——就是～心的感受、腦的輸出，還有你的態度。

推薦 2

自省・傾聽・才能把話說好

——為寶儀寶書序

雲門舞集創辦人・藝術總監林懷民

二〇一八年，池上秋收稻穗藝術節十週年，雲門應邀演出「松煙」。開演前，主持人曾寶儀站在舞者換裝棚外的角落，秋風颯颯，她紋風不動。

時間到了，她走上台，用閒話家常的口吻跟觀眾講話。兩千五百名觀眾霎時沉靜下來，風吹著，稻穗沙沙作響，百餘頃的田園稻浪翻飛，遠山飄著白雲，寬大的舞台上，嬌小的寶儀有如金庸小說裡內功高強的女俠，沒做什麼大動作，時光卻因她而停止流動。我滿心敬佩，渴望窺探她的祕笈。

天從人願，寶儀出版了這冊《50堂最療癒人心的說話練習》。

坊間有不少「說話的藝術」專書，教人演講、報告、求職、促銷、談判的技術。寶儀的五十堂課討論如何表達、如何有效溝通。她從人性破題，第一章就說「跟別人溝通之前，先跟自己溝通」，很有禪宗五祖「不識本心，學法無益」的意味。

當然，寶儀不談佛學，不掉書袋。她以生活的語言建議讀者問問自己：什麼事讓自己快樂或不開心，鼓勵讀者跟自己溝通「把心中無名的恐懼挖出來」，透過自我溝通，放下錯誤的理解與負面思考，因爲「能跟自己成功溝通的人，才能跟他人溝通成功」。

寶儀沒說這是容易的事。她坦誠分享生命中的恐懼、不安與挫折，靠不斷地練習才取得了進步。

她自承英文不好，長一點的字，往往要拆解音節，一節一節練習，最後才能掌握整個字的發音。她延請家教，每週上英文課。上了一年多，《明天之前》英文紀錄片邀請她當主持人，她緊張得哭了。擦乾眼淚時，她意識到對英文的恐懼來自高中一場失敗的英文演講。

寶儀決定面對挑戰，用盡心力準備再準備。遠赴不同國家進行訪問，她順利完成工作，甚至可以放下驕傲和面子，跟採訪對象坦承英文不夠好，必要時可以請她把話再說一遍。這是自信。拍完影集，寶儀走出長達二十多年的說英文的恐懼。

五十堂課，每堂短小精練，篇首都有重點提示，以及練習的MEMO。第十堂「別人的閃光點」談到，不管身分如何，要把所有溝通對象視爲一個「人」；找到別人的亮點，話題就可以源源不絕。這堂課的練習是「從觀察開始；找到對方有興趣的話題，打開對方聊天的興趣。」第十九堂課的練習：「試著回饋對方的正面能量；不帶任何負面情緒離開。」

第二十六堂「練習換位思考」提示讀者用其他角度來看同一件事情，別自顧自地說話。她鼓勵讀者學習傾聽，讓對方感受到自己受到關注，更要進一步把別人的經驗化爲自己的經驗。而懂得聆聽自己時，聆聽他人的能力會大大增強。

寶儀認爲，好的溝通是「言」「成」：誠實與誠懇。她說，不要講那些用頭腦說的「套路」，要用「心」來說話。她告誡：溝通不是說教，不是說服，講不通時，提醒自己「等一下」。

她鼓勵：跟人溝通，說話要停頓，留白，讓對方有機會反芻你說的話，也重新喚起注意力，讓能量能夠流動；要練習不要把話說滿，不要想用說話取悅別人；懂得跟自己相處，才懂得說話中停頓的珍貴。而且，有些時候，沉默的力量大過語言。不停地說話，用意志力支持，「把日子活成流水帳」，只會換得疲累與虛脫。她說，成功來自不斷不斷地內省。來自靜心，寶儀說。

然後，她說：「溝通的初衷是愛。」

讀到這裡，我輕顫。寶儀主持節目，說話是她的工作，這本書不教人如何舌尖口快，而是輕鬆說故事，與大家分享她從工作的成敗和生命的起落所提煉出來的智慧。讀者很容易產生共鳴，轉化運用，改善自己的處境。

一本有趣，好讀，而且非常有用的寶書。適合每個人收藏閱讀。每天讀一點，對自己是個好提醒，進而透過自省與練習——是的，要練習，練習愛自己，練習觸動別人——提升自處與處世的能力。不同階段閱讀會得到不同的靈感。我想，困頓的時候應該也能從中獲取走出難關的啟示。

我要買一百本送給雲門的夥伴。

目錄 CONTNETS

Chapter 1

跟別人溝通之前，先跟自己溝通

Chapter 2

說話與溝通是流動的饗宴

Chapter 3

話語的表面與背後各有意義

Chapter

/4/

維持溝通的初衷與開放性

Chapter 5

溝通是不斷變化的有機體

Chapter 6

說話與溝通的學習永無止境

Chapter

／1／

跟別人溝通之前，先跟自己溝通

第 1 堂

情緒

💡記下來

辨識自己的情緒，認識自己是說話與溝通的第一步。

💡練習看看

1. 先問自己：什麼事情會讓你發自內心感到快樂？
2. 再問自己：什麼事情讓你不開心？

說話是人的本能，但「把話說好」以及「表達」與「溝通」，需要練習。

當我們進入到一個陌生環境，例如入學、進入社會、進新公司、加入一個新團體……我們常常想急著表達自己，在說話之前，還沒思考接下來說這段話的目的，話就衝出口了，結果往往會覺得自己說錯話，在心中後悔不已：

「我講了自以爲好笑的事，但其他人不覺得好笑……」

「我剛才說了什麼話，好丟臉啊……」

「剛剛我說的那段自我介紹，說的根本不是我自己啊……」

相信很多人有這樣的經驗吧。

你眞的想讓別人認識不是你的你嗎？你只是想滿足他人的期待嗎？你是想讓別人對你印象深刻？還是想讓別人喜歡你甚至是討厭你？

許多人在表達或溝通前，從未先思考講完這段話之後，自己到底想得到什麼樣的結果，因此常事與願違，甚至感到後悔、內疚。

我給你的建議是：不要急著想表達自己。

在表達自己之前，要先充分認識自己。

當我們年輕時，我們熱中的是探索外面的世界，往往忽略了探索自己究竟是什麼樣的人。而事實上是，不了解自己的人，通常也無法把話說好，在表達以及與他人溝通各方面，也難以順暢。甚至，總是讓自己活在他人的眼光下，心裡一點也開心不起來。不了解自己的需求，如何能夠把話說好，如何能夠眞實地表達自己呢？

因此，學習把話說好的第一步，是認識自己。

而認識自己可以從學會辨識自己的情緒開始。

你可以先問自己：**什麼事情會讓你發自內心感到快樂**？

可能你會發現，去公園賞鳥會讓你很快樂；或是看到一隻飛舞的蝴蝶會讓你很快樂；也許是看漫畫這件事會讓你很快樂；或者是自己親手做了一個蛋糕，會帶給自己大大的快樂；也可能是看到任何跟動物有關的影片都會令你很快樂……任何事物都有可能讓你快樂，請試著去找到它。

接下來你可以再問自己：**什麼事情會讓你不開心**？

也許是某個人讓你很討厭，因爲這個人說話總是會踩到你的底線。反過來你可以問自己：爲什麼我會設立這個底線呢？

也有可能是當你在看某則電視新聞時，沒看幾秒鐘你的眼淚就撲簌撲簌掉下來，這時候你可以問自己：爲什麼這則新聞會讓我這麼難過呢？

覺察自己的情緒，是了解自己很好的起點。能觸動你的事，一定與你有關，而那是什麼？生活中一定有蛛絲馬跡，一定有答案，你可以一一去把它們挖掘出來。

以我爲例，「吃美食」這件事會讓我很開心，那麼我就可以從「美食」開始練習表達。

這個食物有多好吃？你會怎麼形容它？

為什麼同樣的食物，A餐廳比B餐廳做得好吃？

你是否可以說出A與B細微的差別在哪裡？

你可以多熱情地表達對這個食物的喜愛？

你能夠讓他人聽了你的表達後感同身受？

用別人聽得懂的方式表達，敘述時的用字越具體越好。例如彈牙、入口即化、鹹香……聽你描述的人，就能在自己的腦子裡聯想食物的口感與味道。

又例如，只要是我喜歡的書、音樂、節目……不要說千百種，我至少能說出十種以上它有多好的理由，而且每一種理由都誠懇得不得了，讓每個聽到的人都覺得：好像眞的很不錯喔，我也想來讀讀來聽聽……

用自己喜歡的事物開始練習，最簡單不過。

二十多年前開始演藝工作，我有一段漫長的自我探索過程。

很多人從我的外表判斷，誤以爲我很甜美，而那時候我總覺得那就符合他人期待吧，這樣最輕鬆，但事實上這卻令我十分不快樂。直到我懂得辨識自己的情緒與喜好，我開始能夠不再錯誤表達自己。

做眞正的我之後，與他人相處反而更自在，不快樂的情緒也隨之煙消雲散。

這便是認識自己所帶給我的美妙回饋。

療癒時刻

覺察自己的情緒，
是了解自己很好的起點。
能觸動你的事，
一定與你有關，那是什麼？
生活中一定有蛛絲馬跡，
你可以一一去把它們挖掘出來。

第2堂

跟自己溝通

記下來

能夠跟自己成功溝通的人，才能跟他人溝通成功。

練習看看

1.你可以用跟自己溝通的方式，把心中無名的恐懼挖掘出來。

2.放下錯誤的理解與負面思考。

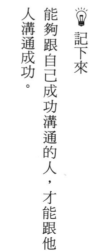

爲什麼我們會想跟某個人溝通呢？通常是因爲我們想和那個人建立關係。**但當你沒把自己建立起來時，往往也難以與他人建立關係。錯誤的溝通，就會讓他人錯誤地對待你。**

前一篇〈情緒〉我們談到學習正確地表達自己，可以透過自己喜歡的事物來練習。在懂得單向的表達後，我想進一步跟大家談談雙向的溝通——能夠跟自己成功溝通的人，才能跟他人溝通成功。

能成功與自己溝通，代表著能夠更深入了解自己，在不會錯誤解讀自己的情況下，自然不會錯誤解讀他人，這跟溝通一樣是雙向的連結。

比如說，我熱愛美食，我能用說話來表達我有多熱愛美食，但是我們可以再進一步觸類旁通、抽絲剝繭——深究熱愛美食的原因，而不是只會形容有多好吃。

當我更深入探索爲什麼喜歡吃美食後，我發現原因原來是：**我喜歡被認真對待的食物，以及認真做食物的人！**

在眼前的美食背後，有食材來源地的土壤、陽光與雨水，有種植食材與養育牲畜的農人，有烹調的廚師，他們都將精神與能量注入在食物裡，讓它們成爲一道道佳餚，而我吃下的便是這些人與大自然合作細節的總合。

從前的我不明白這些，只知道我將美食吃下肚之後心情會變好，現在我明白讓我吃得很快樂眞正的原因了——我眞心感謝爲美食付出的大自然與人們，這所有的一切，都令我感動莫名。

眞的好吃的美食總能讓我開展畫面。比方說我最近迷上食材產地直送的餐廳，若餐廳能在介紹或菜單裡羅列肉類蔬菜甚至調味料的來源（能附上照片更佳），我總能在一面感謝的時候，一面幻想這些食物到底是從哪片土地逐漸吸收了天地精華，被哪位農夫細心照護收穫，然後成爲進入我口中的食物，變成讓我有活力的能量。這些細節不但讓我的感恩更全面，也讓進食這件事不只是餵飽肚子這麼簡單而已。

再用食物舉例，我們並非總是吃到美食，有時候會吃到地雷，那麼你曾想過它爲什麼難吃嗎？是食材不好？是廚師烹調手法不好？還是餐廳環境不好，服務生態度不佳影響用餐心情？甚至可能是選錯跟自己吃飯的人了？

其背後原因就跟人的情緒一樣複雜。但向內照見自己，變得更有自覺之後，就能明確地找到眞相。

如果有一天，我遇見一位跟我一樣對食物十分有熱情的人，我一定能馬上察覺到並且認同那個人的熱情。

關於向內覺察與自己溝通這個面向，我可以再往下鑿深來談。

我從小是一個非常沒有安全感的人，也許可以歸因於我單親家庭、隔代教養的背景。

二十歲那年男友考上研究所，我的第一反應不是爲他高興，而是心想：他就要功成名就，就要把我丟下了。

三十歲時，我的兩個弟弟跟我說：「姊，我們晚上要出去玩。」我說：「我也要去！」他們說：「女生不准跟。」

這時我當場掉下眼淚，因爲我覺得自己被丟下了。

到了四十歲時，我與男友的關係已經非常穩定，但他偶爾出去旅行或去外地開會，一個人在家午夜夢迴時，我會想：他會不會回來之後就說要跟我分手？

此時我已經可以覺察到這個念頭有點奇怪，它實在來得太莫名其妙了。但我這個時候已經有能力停下來問我自己：**等一下，這個想法是從哪裡來的**？

我是在他身上看到其他女人的頭髮了嗎？還是偷看到他手機裡有跟其他女人傳的訊

息？如果都沒有，那麼這個心情是從哪裡來的？

如果沒有證據而只是空想，那麼我就是被心中盤踞的回憶與情緒制約了。

我開始抽絲剝繭往回推，推到三十歲、推到二十歲……一路往回推到我更小的時候，我意識到，原來在我年紀很小時，奶奶有時候會無心地對我說：

「如果妳不乖，我就不要妳了。」

於是我內心一直存在著被丟下的恐懼。只要有一點點跡象，我就會非常受傷，或是乾脆自己先離開，因爲我不想要被拋棄。

但我現在已經四十多歲了，沒有人可以拋棄我，我爲什麼還要被制約呢？

因此在這個當下，我開始療癒我自己，我對自己說：

「妳已經不是當年那個妳了，這個受傷，妳已經可以跟它說再見。」

你可以用跟自己溝通的方式，把心中的無名恐懼一層層挖掘出來，正視它們後，跟這些無名的恐懼說再見。只要不斷練習，你自己就能做到這件事。

跟自己成功溝通了，便可以放下錯誤的理解與負面思考，跟他人溝通成功。

療癒時刻

你可以用跟自己溝通的方式，
把心中的無名恐懼一層層挖掘出來，正視它們後，
跟這些無名的恐懼說再見。

第3堂

熱情

記下來

當你說話富含熱情，別人就會產生好奇。

練習看看

1. 找到你最有興趣的事物。
2. 找到你最想讓別人知道的事物。
3. 找到別人最想聽的元素。

當你說話富含熱情時，別人就會產生好奇：這熱情究竟是從哪裡來的呢？而願意專注聽你說話。

我能不能也體會到有多好玩？聽你說話的人會被你的熱情感染，期待著被你的熱情滿足。

前陣子我看完歷史學家哈拉瑞的《人類大命運》《人類大歷史》與《21世紀的21堂課》，他說未來的人類會非常欠缺「體驗」，**「體驗」這件事會成為一種重要的學習**。

爲什麼未來的人類會欠缺體驗呢？主要是人類過度依賴電子產品，我們所有的學習都能用一台電視、一支手機以及一個平板就能解決。

這就是爲什麼演唱會與舞台劇的票會賣得越來越好，因爲人們需要「**體驗**」。而每個人得到的體驗都是獨一無二，無法被複製的。

但是目前人們十分缺乏know-how，就是如何去體驗。

「這食物非常好吃！」那麼能不能讓我體會到有多好吃呢？

「這個演唱會很嗨！」那麼能不能讓我知道是有多嗨呢？感動你的細節是什麼？

如果你只會說好吃或是很嗨，聽者無法感受到有多好吃或多嗨，他們想要「**體驗**」到你的熱情。**你需要把你的熱情描繪得更詳盡**。

比方說，你是個鐵道迷，對火車很有熱情，去研究火車的細節、火車的歷史，你就會懂得如何方方面面地描述你對火車的熱愛，就懂得用不同的方式與他人溝通。

很多人只會用一種方式溝通，但這種方式可能只能讓一種人產生共鳴，並不能放諸四海皆準。而最厲害的人是能把所有共同語言都統合成他自己的語言，再傳達給其他人，這是高手中的高手，他可以用最簡單的話，就讓所有人都聽懂並感同身受。

這種能力，是靠鑽研累積而成的功力。

你可以找到驅動力開始練習，這個動力就是「**富含熱情**」。

想要和某個人開始溝通，爲什麼不用你最想要讓別人知道「某樣東西有多好」，開始說起呢？例如前面提到的鐵道迷，如果深刻懂得鐵道的奧妙之處，你就可以根據人們的喜好來切入話題。

舉例來說針對我這個美食狂熱者，鐵道迷就可以用「鐵路便當」來開啓話匣子：某條路線的鐵路便當，是從附近某個漁港運來最新鮮的魚產做成。只有坐這條路線的火車才吃得到。

一聽到這裡，我會想立刻奔去坐那條路線的火車，爲了吃到這獨家限定的便當！

富含熱情地收集資訊，你就可以從中提取與其他人溝通的元素。

我知道你愛吃，所以我用吃說服你。

我知道你喜歡看風景，所以我就跟你描述鐵道沿路的景色。如果你坐車廂左側會看到何種景色，如果坐在右側又會看到何種風景。

我知道你熱愛馬拉松，所以我告訴你可以在哪一站下車，以此爲起點跑到哪一站後再上車，然後坐到某一站再下車跑步，在不同路線跑步，你能看到迥然不同的景色……

「熱情」可以運用在所有你有興趣的事物上。

你會發現，就算你是個阿宅、或是很害羞，說話內容一點也不無聊。這股熱情，會使你與人們的溝通元素源源不絕，跟誰都能聊得來！

第4堂

聆聽的能力①

記下來

快速抓住對方的共鳴點，引起對方注意的能力，在於「聽」的能力。

練習看看

1. 你是否嘗試聆聽自己內心的反應，譬如閱讀一本小說時，你的心情起伏。
2. 聆聽有兩個層次：一是張開耳朵聽，二是打開感官來聽。

剛剛提到同樣是自己有熱情的主題，可以尋找他人也有共鳴的點切入，引起對方的注意。這個點要怎麼尋找呢？**懂得「聆聽」會是非常好用的工具**。

在談話或溝通時，要想掌握對方當下狀態，分辨對方對自己說的話有沒有興趣，判斷對話氣氛的冷或熱，以及找到轉移話題的時間點，運用「聆聽」來察覺是非常重要的一種能力。

而聆聽與表達一樣，都可以從「自己」開始練習。

你曾經嘗試聆聽自己嗎？

聆聽自己時你會感知到內心各種極其細微的反應，如失落、雀躍、期待、煩悶……你可以透過工具來練習聆聽自己，例如：閱讀一本小說。

當你在閱讀小說時，心情往往會隨著故事情節起伏，這時候你可以刻意去感覺這些內心的起伏。

爲什麼讀到這段文字，會感到心中一陣酸楚？爲什麼特別在意某個角色的出場與退場？他（她）的經歷或個性讓你聯想到自己的處境，還是反映了某個你很在乎的人？讀完這本小說，內心的感受爲何？

有的人則是透過寫日記來聆聽自己，藉由書寫與自己對話，越是誠實，越能聽到自己內心眞實的聲音。

此外，**聆聽自己還有最佳時機**。

當你感覺到內在的情緒正在升起時，不管是開心還是生氣，這就是聆聽自己的最佳時機。

你可以試著去尋找引起你情緒反應的源頭到底在哪裡。是事還是人？是過去的經歷回過頭來影響你？還是在你面前的那個人觸動了你的情緒？爲什麼在那個人面前，你無法保持冷靜？

以我爲例，若是與我親近的親友不肯面對現實、自欺欺人，我會極度憤怒，說話無法保持冷靜。這時候我會反問自己：我這麼生氣的原因是什麼？爲什麼我不能好好跟對方說話？

我會藉著反問來聆聽內在的眞實心聲。

懂得聆聽自己時，聆聽他人的能力將大大增強。

此外對我來說，聆聽不單純只是聽，它可以分爲兩個層次。一是張開耳朵聽，二是打開感官來聽。

張開耳朵聆聽，是為了先開啟對方的溝通意願，了解對方的需求。

先聽對方說話，讓對方把想講的事情說完。他有什麼不滿？他對於哪些事感到不開心？他的憤怒來自哪裡？他最在乎的事是什麼？

聽對方講完之後，便大致可了解這場對話是否能有共識。又或者，在溝通之前你以爲自己是主角，但讓對方先說之後，你發現對方期待你挖掘他的問題，於是你判斷應該將主客立場對調，要以處理對方的問題爲優先。

還有一種可能，是當你張開耳朵聽之後，發現對方並不想處理自己的問題，這時候便沒必要硬是撬開對方的殼，陪他聊一段時間或吃頓飯就可以。

打開感官來聆聽，是為了觀察對方的溝通意願。

你可以透過觀察對方的身體語言，來判斷對方的狀況。

比方說對方一直坐立難安，一下看看手錶，一下看看手機，不一會兒又看著遠方，那麼你可以判斷對方的焦點不在你身上，他可能想要退出這個話題。

另外還有一種狀況與前者相反，對方對你的話題其實很有興趣，但他就是無法坐得安穩或正視著你。

以上這兩種情況舉例，你有沒有辦法正確分辨出來，這都可以透過「聆聽」來訓練。

最糟糕的溝通是只單向自顧自地說話，完全沒有張開耳朵或感官聆聽對方，這樣的溝通沒有目的與焦點，只是一條沒疏通又不順暢的鴻溝。

療癒時刻

當你感覺到內在的情緒正在升
起時，不管是開心還是生氣，
這就是聆聽自己的最佳時機。

第5堂

聆聽的能力②

記下來

每個人都是值得學習的對象，只要打開耳朵聆聽。

練習看看

學習某個人的說話方式。聽發音，為什麼那樣發音？語調如何抑揚頓挫？某個字怎麼說？

學習說話與溝通，最重要的媒介是「聆聽」。對我來說，每個人都是值得我學習的對象，只要我打開耳朵聆聽。

因爲耳朵好，說話才會好。

當你開始在學習某個人的說話方式時，你就是已經在聆聽了。

比方說我很喜歡相聲與脫口秀。當我觀看這些表演時，我會專注聆聽演員的發音，並且試著去分析他爲什麼要這樣發音？某個字他是怎麼說的？哪些字要捲舌？語調如何抑揚頓挫？……這個時候我不只在學說話，同時我也在練習我的聆聽能力。

跟音感需要不斷練習一樣，聆聽也需要不斷練習。透過聆聽，我才知道了何謂字正腔圓，當我分辨得出來字正腔圓與抑揚頓挫之後，我才說得出來字正腔圓與抑揚頓挫。

接下來，**練習很重要**。

比方說，當我爲TLC旅遊生活頻道《香港新滋味》做英文配音時，有些英文發音非常困難，例如knowledgeable這個字，knowledge後面還要加上able，很難說得順。這個時候，就需要反覆練習，將這個英文單字拆成knowledge以及able不斷重複唸，唸個十次也許還不行，唸個五十次、滾瓜爛熟之後，就能將knowledgeable這個字說得順口，此時，這個字就被你征服，成爲你的字了。

想把一件事做到好，多練習是不二法門。而且練習不需要特地挪出時間，**每個當下都可以練習**。

如果在你的面前剛好坐了一個人，那個人就剛好可以成爲你的聆聽對象。仔細聽那個人的說話腔調——也許你聽出來這個人說中文時尾音上揚、語助詞很多，依據這些特徵，於是你歸納出這個人的台中腔很重；或是你聽出來這個人說中文時**ㄓ**與**ㄗ**、**ㄔ**與**ㄘ**不分……

練習聆聽是好玩的遊戲，經過日積月累就能訓練出聆聽能力。

以我的家族爲例，當我們全家去家族旅行時，在車上我們玩詞語接龍來打發時間。我發現家族中的長輩們是**ㄓ**與**ㄗ**、**ㄔ**與**ㄘ**不分，當我點出了這一點之後，長輩們說：「**ㄓㄔㄗㄘ**聽起來都一樣啊，哪裡有不一樣呢？」

我說：「這差多了！你們以前的注音考試是怎麼過的啊？」

我這才知道，原來許多人的耳朵沒有經過聆聽能力的訓練，他們的耳朵分辨不出來發音的細微之處，因此，自己的說話也就ㄓㄔㄗㄘ不分了。

不管是在舞台上、還是在跟朋友與家人聚會時，我都打開耳朵，專注聽每一個人說的話，這些都會轉化成我的說話能力。

當我上台主持時，就是在實驗或是驗收過去所做的訓練。上台前我也許可以刻意不做任何準備，想說什麼就說什麼，藉此實驗現場的反應，來驗收過去訓練的成果。或是仍然做足準備，但嘗試去創造出能夠自由發揮的有機空間。

說話可以如此，溝通也可以如此。

我隨時隨地都在練習聆聽，因爲**聆聽能力就等於說話能力**。

不妨從現在開始就試著練習聆聽，你會發現，原來過去所忽略的聲音，如今聽起來居然如此美妙與有趣。

第6堂

閱讀

記下來

擁有自己獨一無二的說話方式的最佳祕徑就是：閱讀。

練習看看

從自己喜歡的事物找相關的書籍來讀即可，漫畫也沒關係，不一定要深奧的書才學得到技巧。

能夠明確地表達自己，開始學習與他人溝通、建立關係之後，接下來我想談談有特色地說話這件事。

找到自己獨一無二的說話方式，這一點十分重要，因爲那將會成爲你個人的亮點。對我來說，透過「閱讀」來打底與構築自己的說話特色，是最容易入門、最有效果，而且是誰都做得到的方法。

那麼一定得閱讀深奧的書籍或是工具書，才學得到技巧嗎？

答案是：NO！

從你喜愛的事物爲切入點，去尋找相關的書籍來閱讀即可，可以是散文、可以是小說、可以是漫畫、可以是圖解書……什麼類型的書都行，只要你願意拿起來讀，那就是適合適的書。

再以我這美食狂熱者來舉例吧。

我清楚知道我就是愛吃，當我跟朋友聊美食或主持節目時，我想說得更深入、更有層次、更有我的個人見解，而不是老是用幾句老掉牙的話形容來形容去，把好吃的食物都說到變無趣了。

爲了豐富貧乏的說話內容，我去找跟美食相關的漫畫來讀。

例如幾年前大熱的日本漫畫《神之雫》。

這是一部以葡萄酒爲主題的漫畫吧，故事中的兩位主人翁尋找父親所留下的「十二使徒」線索，展開一場又一場競逐，故事情節既有張力又充滿知識性。

也許你原本就懂葡萄酒的口感有各種層次，比如說有的是口感偏dry、有的是fruity充滿果香味、有的是full bodied入口飽滿……這些是品項式的描述。

可是《神之雫》對於葡萄酒的描述卻帶給讀者想像空間與畫面感。當故事主人翁喝下一口紅酒之後，他形容那口酒讓他彷彿看見色彩豐富的嘉年華在眼前重現，讀者便可以聯想那酒的風味，也許這酒的香氣是濃郁的、口感是豐盈奔放的……《神之雫》打開了新的形容視野。

這讓我學到，**當我們在說一件自己喜愛的事物時，可以拿一種感覺來具體形容它**。例如我這麼說：

我吃到這道料理的感覺，就跟我打了一個禮拜都破不了關的candy crush突然破關了一樣。會讓我想兩手高高舉起大喊：Yes！

征服的感覺是言語難以比擬的。有玩game的人都知道，卡關卡很久終於破關了，心裡會升起對電玩大神的感激涕零，或是一湧而出終於可以前進到下一關的爽快感！

把吃到美食的感覺和玩game破關的瞬間比喻在一起，你瞧，是不是更能讓別人理解你的激動呢？

關於「感覺」可以有許多形容方式，當然如果人生經歷越豐富，形容的層次與拿來比擬的事物能夠更多樣，別人聽你說話就不會覺得單調無聊。

我是一個雜學者，對任何事物都想了解、都想學，我樂意花時間滿足我對這個世界的好奇心，而這些歷練建構了我的說話方式。

如果你不是這樣的人也沒關係，除了我推薦你的閱讀，還有其他豐富經歷的方法，例如看影集、看電影，或是去旅行增長見聞……用自己覺得好玩的方式來學習，比起吞下專家寫的技巧型工具書，成效更顯著。

你的所有閱歷都將內化成說話的養分，盡情去體會吧！你將會發現自己在說話時更有靈感，不需刻意模仿，就能找到自己獨一無二的說話方式。

第7堂

說一個故事看看

記下來

第一次體會到說故事的樂趣之後，會有巨大的成就感。

練習看看

1. 如果有喜歡的書，讀個兩三遍，甚至背下來都很有幫助。
2. 只要是熟練的故事，就試著吆喝一些人來聽你說。

繼續來談談閱讀爲什麼能幫助說話。

這得再回頭從我小學時講起。

小學五、六年時，我最大的興趣是讀香港科幻小說家倪匡所寫的衛斯理傳奇，以及法國作家莫理斯的俠盜亞森・羅蘋系列小說。從那時開始，只要月考某一科考了一百分，我爺爺就會開心地帶我去書店買一本衛斯理或亞森・羅蘋作爲鼓勵，一直持續到我上了中學。

尤其是倪匡，他大大地滿足了我對世界與宇宙的好奇心，他讓筆下的衛斯理，經歷一次又一次光怪陸離的冒險。衛斯理到過陰間與天堂，曾在過去與未來之間穿梭，甚至與外星人打交道，去到太空……他遇見各種稀奇古怪的人物與事件，但這些經歷一點都不讓讀者覺得荒誕，理所當然地彷彿是發生在自己身邊的事，只是自己從未察覺罷了。

我醉心於衛斯理的冒險故事中，而博學的倪匡先生也打開了我對於宗教、民俗、歷史、超自然現象、宇宙觀……種種視野，激發了我的想像力。

更令我驚喜的是，**透過閱讀小說，也啟迪了我的表達與說故事能力**。

跟相聲一樣，只要是我喜歡的小說，我會一而再再而三重讀，到後來整本小說幾乎背得滾瓜爛熟，不必看書我也能把情節一字不漏說一遍，例如衛斯理系列中《尋夢》這本小說。

《尋夢》談的是因果。一對男女從小到大一直重複做著相同的夢，兩個人的夢裡都有個男人被自己所愛慕的女人刺死，而當這對男女後來相遇後，才驚訝地發現夢中的情節其實是兩人前世的遭遇……十分曲折離奇。

大師倪匡曾說過，《尋夢》是他最喜愛的故事，這故事在香港也曾被翻拍爲電視劇。記得國三時，我化身爲說書人，花了一整堂課的時間在國文老師與全班同學的面前說《尋夢》。

由於情節我實在太熟了，說書對我來說根本不費功夫，還記得當我一邊說書時，班上同學和導師臉上著迷的表情，她們的心情隨著我鋪陳的故事情節起起伏伏，完全融入在我的說書中，當故事結局揭曉時，她們忘情地熱烈鼓掌！

原本我擔心老師會覺得科幻小說是閒書、對功課無益，這次說書後得到老師的肯定也讓我放下疑慮，故事就是這麼具有魅力。

第一次體會到說故事的樂趣，我得到巨大的成就感。

而這都得歸功於孜孜不倦地閱讀啊。

透過持續閱讀的潛移默化，能使你的想像力與表達能力都變得更加活躍。因此讀書絕不會讓你成爲書呆子，它能帶給你創新與自信。

高二時我開始自己寫參加相聲比賽的段子，日積月累閱讀小說，讓我能用更豐富的詞彙來寫段子，讓我的演出更加飽滿，進而能過關斬將取得好名次，這些都是閱讀給我的回饋。

除此之外，**閱讀還能幫助你在大量資訊中快速抓到「關鍵詞」**。

舉個不久前發生的例子。有一天我姨媽給我看個LINE裡的笑話，對我說：

「這笑話很好笑，妳趕快看！」

我把眼睛湊過去看了一會兒就把頭別開。

姨媽說：「等一下，妳根本沒認眞看！」

我說：「我有認眞看啊，我看完了，還滿好笑的。」

她說：「妳亂講！妳根本沒認眞看。那妳把笑話講出來給我聽。」

於是我把那個笑話從頭到尾講完。

姨媽驚訝地說：「蛤！原來妳眞的看進去了……」

我大約花了十秒的時間看完那則笑話，而且記得清清楚楚。

訣竅就是：只要記得關鍵詞就可以。

而**抓關鍵詞，在對話中也是十分重要的能力**。

想要讓言語更有味？書是不會背叛你的朋友與不讓你花大錢的老師。

療 癒 時 刻

透過持續閱讀的潛移默化，能使你的想像力與表達能力都變得更加活躍。因此讀書絕不會讓你成為書呆子，它能帶給你創新與自信。

第8堂

不要忽略各種sign

記下來

生命會給你徵兆，提醒你要注意轉變時刻的到來。

練習看看

1. 想一想任何事都不會平白無故發生。
2. 遇到徵兆，需要分辨的智慧，而這個智慧能在生活中累積。

大約八年前，生命給了我一個sign。

當時我為了工作飛到某個城市，下飛機後，來接機的工作人員對我說：「寶儀姐，歡迎妳再度來到××。」

當時我心裡覺得納悶：我有來過嗎？……怎麼回想都想不起來。

那一刻我覺得：我的人生出了問題。

我曾經是個什麼工作都接的人。除了想賺錢，還抱著工作多就代表自己很紅的迷思。可是，當時的我居然連做過什麼事都忘了，這種事我不想再經歷一遍。我在心裡責怪自己：我到底在幹嘛……從這次體會之後，往後我不再盲目接工作。

每個人的生命都存在著需要轉變的時候。**生命會給你徵兆，提醒你要注意轉變時刻的到來**。生病是一種sign，我會忘記做過的事也是一種sign。

sign一旦出現，別忽視它。

我的人生經驗是：如果我忽視了這個sign，它會不斷出現來提醒我，而且忽視越久，付出的代價越高。

有的人會抱怨自己的人生：爲什麼我總是遇到會劈腿的人？其實是你一定對過去曾出現過的徵兆視而不見，所以一次又一次做出同一種選擇。只有你自己停止這個無限迴圈的旋轉木馬，才有解套的可能。

當sign出現時，我會警覺：我都已經看到了，表示已經很嚴重。任何事都不是平白無故發生。任何爭吵、任何情緒的升起、任何病痛，都事出有因，我們必須從這些sign中學習。

我曾經看過一句很美的話：每一個生命的逝去，都是對在世者的一份禮物。意思是：沒有人會白白死去，每個人的死亡都有值得在世者學習的東西。比方說我的爺爺去世後，我領悟與學習到非常多的事。而重點是，我必須往裡面看：這個sign要告訴我什麼呢？

我對爺爺的感情？我對他的不捨？我對生死的態度？我對生命的定義？我緊緊抓著不放的到底是什麼？而如果這些都不在了，我的生命是不是就沒有價值了？

爺爺去世這件事，給了我非常多的反省。

我體會到：越是會讓你感受到情緒震盪的事，這裡面要學的功課越多。

當功課來臨時，我會努力立刻做不拖延。趕快把功課做完，才能安心出去玩，這個世界有這麼多有趣的事，把功課拖延到最後一天再做，草草完成它，那有多麼可惜。好不容易來這世界當人，我不想功課隨便做一做就走了。

而sign，不是非得緊緊抓著不放。有的sign是看到了就得趕快放手，不必深究。這種sign往往是有個人已經決定要離開你，或是一位總是散發強大負能量、不願改變的朋友……當你看到了，瀟灑地揮手跟他們說掰掰就好，不需留戀。

遇到這種sign，需要有分辨的智慧。而這個智慧能在生活中累積。

有段話這麼說：請讓我願意承擔我可以承擔的責任，而放下那些不該我承擔的部分，並給我清楚分辨它們的能力。

至今我仍然在學習分辨的智慧。

當你還沒有學會時，便容易把別人的話聽錯、誤解對方、放錯重點，這時候，溝通就會失效。

因此我不斷地、不斷地內省。這是一門需要花時間學習的功課。

Chapter 2

說話與溝通是流動的饗宴

第9堂

畫面很重要

記下來

避免無效溝通，有時候畫面比文字更具象，而且更容易記得長久。

練習看看

1. 說話之前，讓腦子先有畫面。
2. 接著練習更有層次形容自己的感受。
3. 找到可以感同身受的共同語言。

在說任何話之前，腦子如果都能先有畫面，就能避免無效的溝通。**敘述一件事之前，先讓那件事在腦子裡具體地呈現畫面**。當畫面裡的細節越多，能形容的面向也就越多。

這是我在演戲時領悟出來的一個道理。

在演內心戲時，有個資深演員曾經教我：

假設只是說出「我很難過」，那只是表面的難過。如何讓「我很難過」在臉上更具體地呈現呢？你心裡面的那個畫面，必須是你真的很難過的畫面。

比方說，家中的狗狗死掉了，你抱著牠痛哭的畫面。當你想到那個畫面，自然而然臉部表情就會呈現這個畫面。即便難過不需要到這種程度，但想像這個畫面之後，就會讓表演呈現某種張力。

如果不是演戲，只是想跟某人描述一件事，你也應該在腦海裡先把這件事的來龍去脈跑過一遍。

例如這件事發生時當天的溫度、濕度，當事人身上穿的衣服，你自己穿什麼衣服，你到底看到了什麼……細節越多越好。當細節夠多時，在陳述事件時，就有許多元素可以補充說明。

前面提到過我曾用一堂課的時間，說完倪匡《尋夢》這個故事給同學和老師聽，之所以能說好說滿這一堂課四十分鐘時間，是因爲當我在一邊看《尋夢》時，一邊腦補小說中的畫面。

當我腦子裡有畫面時，小說就不只是文字而已，我記住的是所有情節的畫面。我並沒有把整本小說的文字背下來，只是先在腦海裡把小說拍成一部電影，再將畫面如實陳述一遍。

有時候，**畫面會比文字更具象，而且更容易記得長久**。

而如果你想讓自己的陳述方式聽起來更有變化，例如用更多詞彙來形容「快樂」——「爽」可能是比「快樂」強度更高，或是「愉悅」「雀躍」等各式各樣的形容詞……這時候，你需要補強的是「感受的層次」。

假設現在你面前有一塊蛋糕，你可以試著用各種層次去形容它的口感：像棉花糖一樣軟綿綿，比雲還輕柔，甚至是吃起來像鳳梨酥……在生活中多去嘗試與感受一些新體驗，在形容事物上就能產生更多層次。

接下來還有一個形容事物、獲得共鳴的好方法——**「尋找共同語言」**。

當你在台上說出「福氣啦」，大家一定會有反應，因爲在台灣，不管是誰一定都看過由周潤發代言的這個廣告。或是唱出「感冒用斯斯，咳嗽用斯斯」也是所有台灣人都能會心一笑的共同語言，在各種緊張的頒獎典禮轉播中，誰沒在進廣告時聽過這個藥廠主題曲呢？

若是要說出一個兩岸三地都了解的共同語言，說個周星馳的笑話就很有用。當你一唱出「only you～」或是「小強！小強你怎麼了小強？」大家的腦海裡就會浮現這些周星馳電影中的經典畫面，聽到了任誰都會哈哈大笑。

共同語言除了能讓溝通更順暢，還能拉近你與他人的距離。

- **說話前腦子裡先有畫面**
- **更有層次地形容感受**
- **尋找共同語言**

你可以把以上三點當作你練習說話的三樣功課，只要能掌握其中精髓，漸漸地，開口說話就不再是令人卻步的事。

第10堂

別人的閃光點

記下來

找到別人的閃光點，話題就可以源源不絕。

練習看看

1. 從「觀察」開始。
2. 對方有興趣的話題，打開對方聊天與溝通意願。

這麼多年主持工作下來，我覺得主持給我最好的訓練，是我能夠在最短的時間內找到一個人身上的「**閃光點**」。

而我非常珍惜這些閃光點。

有時候主持只有三、五分鐘，例如人物訪問。我必須要在短時間內捕捉到受訪者的閃光點，而且還必須讓觀眾能看到那個閃光點，從好的角度切入話題，並且用大家都聽得懂的話來凸顯那位受訪者、或是商品。

這是一個好的主持人需要具備的能力。

就算是由一群主持人共同主持，我還是會去扮演發掘「閃光點」的這個角色，整個主持過程，才會有源源不絕的話題可說。

那麼如何判斷找到的「閃光點」無誤？以我來說，當我看到某個人身上的閃光點時，我會感到興奮的話，這就是了！

二〇一七年我主持韓星朴寶劍的粉絲見面會。在訪談他之前，我先做了功課，看了他的實境旅遊節目《花漾青春》。《花漾青春》這節目每集有個橋段，就是朴寶劍跟夥伴在出發前，會先對著天空說「砍桑哈咪搭～」感謝老天爺。

那一刻我看到朴寶劍身上的「閃光點」，我發現他是個十分懂得感恩的孩子，而當他懂得感恩身旁的人事物時，他就會懂得「珍惜」這件事。當他珍惜別人時，他也就成爲一個值得被珍惜的人。

當我在主持朴寶劍的粉絲見面會時，就利用了這個我發現到的閃光點。在開場之前，我跟他的粉絲們說：「讓我們一起踏上今天這個旅程吧！在開始之前，讓我們一起對天空說：『砍桑哈咪搭～！』」

於是全場粉絲一起興奮地大喊：「砍桑哈咪搭～！」

接著我說：「那麼我們的粉絲見面會，就此開始！」

全場氣氛在瞬間被點燃。

我和朴寶劍、以及他的粉絲們，那一天彷彿眞的經歷了一場精采旅程，沿途毫無冷場。

觀察別人的「閃光點」，有時候是短期的觀察，有時候則是長期的觀察，它也可以運用在人與人之間的聊天與溝通上。

找到對方有興趣的話題，打開對方的聊天與溝通意願，這也是一種「閃光點」。

我曾經主持公視《藝文大道》*長達五年時間，每一集都訪問不同領域的藝術家，有的是行動藝術家、有的是傳統戲曲……雖然跨界跨很大，但他們的共通點是：他們都是人，只是表達自己使用的媒介不同。

有的人用繪畫、有的人用舞蹈、有的人用戲劇、有的人寫成文字……不管他們的表達方式爲何，但我使用的溝通方式都是一樣的：拋開他們的專長，將他們視爲一個「人」，就能找到勾起他們興趣的話題。

人都有各自的情感、各自的背景、各自的快樂與挫折……這些就是每個人最想聽的故事。不需特別去談創作中的細節，透過他們的人生故事，其實就揭示了創作的養分來源爲何。

我花了五年的時間，了解到「人」本身的故事就是最具吸引力的說話題材。

找到別人的「閃光點」，方法「一通百通」，放到任何人身上都適用。而我同時也發現，當我察覺到談話對象的閃光點，並且以此切入話題，與對方的情緒同步時，有時候會出現非常飽滿的療癒時刻。這一點，我將在另一篇文章詳細訴說。

＊編注：「公視藝文大道」每週推出一個藝文主題，讓觀眾更深入了解該藝術文化領域中，有哪些焦點人物在努力追求自己的夢想，在逐夢的過程中曾面臨哪些困境，又是如何突破難關走出自己的路，透過主持人深入淺出提問，引導來賓侃侃而談，跟大家分享他們成長與創作的故事。

第11堂

開場白

記下來

不論面對一群人或一個人，要敏銳感知對方目前處於何種情緒與狀態。

練習看看

1. 如果談話氣氛冷到不行，試著「找出小火苗」，或用「安撫」這兩個方法可以打開彼此心結，讓對話延續下去。
2. 面對突發狀況，試著讓情緒歸零。

對我來說開場白很重要。

今天坐你面前的是一個人或是一群人，都要很敏銳地去感知對方目前處在什麼樣的情緒與狀態。

比方說面對的是一群人，只要說一、兩句話測試，或是只要站出去就能得知今天的氣氛是熱還是冷。

如果是粉絲見面會，它通常一開始就很熱，我需要做的是「**控制**」，不要讓火燒到無法控制的狀態，因爲粉絲如果開心過頭，其實會對藝人造成困擾，也會影響整體節目流程。畢竟主持人站在舞台上除了照顧粉絲，還得照顧藝人、翻譯、台上台下的工作人員、還有導播，節目要一群人共同合作才能完成，讓節目能順暢進行，也是主持人的工作之一。

那麼如果今天是「冷場」呢？

主持人必須「找到現場的小小火苗」，能不能把這個小火苗往上煽？

比方說，現場一定會有一、兩位特別活潑的粉絲，我會跟他們對話，煽動現場情緒，煽到坐在一旁的粉絲都受到感染了，一個連著一個影響，慢慢地一群人就會熱起來了。

粉絲見面會開場時，我會同時做以下幾件事：

一、找到火苗；二、安撫粉絲，讓他們知道我不是來混的，絕對夠格站在他們的偶像旁邊，也讓他們知道我做了哪些功課，我只要說出一、兩個關鍵字，他們就會知道我做了哪些功課，順利過關。

粉絲會審視主持人夠不夠格，有時候主持人會感到不舒服。因此只要把粉絲的心結打開，把自己的心結打開，將彼此的心結都開了之後，從此就溝通無礙了。這時候，就算在粉絲見面會中玩最簡單的剪刀石頭布，也會變得好笑不已。

和自己的親人或朋友溝通不也是同樣狀況？今天要開始一場談話時，如果氣氛降到冰點，氣氛冷到不行，那麼試著用「**找到小火苗**」與「**安撫**」這兩種方法，也許就能打開彼此心結，讓對話能延續下去。

除了前面談到的控制場面與煽動式的開場，還有一種開場，我稱之爲「**定心丸**」式的開場。

有時候是十分嚴肅的場合，例如新聞類的節目，或心靈類的講座，這時候定心丸就十分重要，主持人要懂得適時讓現場觀眾的情緒「歸零」。

舉個例子，我主持過騰訊的直播性新聞節目《聽我說》，節目會找該年度最有話題的幾位人物來演講。我負責的是引導串場，來賓演講完之後，針對演講的內容深入挖掘，問幾個觀眾可能會想更了解的問題，收尾，再串到下一位來賓。

因爲年度新聞有可能是充滿悲傷或是爭議，也有可能是富有正能量或八卦的，高低起伏非常大，如何在不同的議題中穿針引線，變成困難的功課。我在開場時，先定調這個直播是讓當事人暢所欲言的場合，在現場跟在家觀看的觀眾可以先讓自己放下之前曾看過的新聞，放下曾經引發的情緒，給當事人一個陳述內心的機會。我也提醒大家，這個直播會是一趟雲霄飛車似的旅程，請大家繫好安全帶跟我一起出發。

一方面歸了零，一方面也是個定心丸。

其中有一位來賓是二〇一四年馬航失蹤班機的乘客父親，分享到後來，那位老父親在台上失控，哭著說：「我要找我的兒子啊……」甚至就在直播時公布自己的電話號碼。

當下所有人都愣住了，這並不在講稿安排內，完全是突發事件，我必須非常快地做出反應。於是我在演講結束後，上台握著老父親的手對觀眾說：

「首先，我們必須尊重所有馬航家屬的處理方式，不管是繼續尋找、或是已經放棄尋找，我們都尊重每個家屬的選擇，你們已經承受非常大的傷痛。第二，我想告訴大家，剛剛這位爸爸雖然公布了他的電話號碼，但請不要利用這位老爸爸的悲傷，做不應該做的事。」

當時我在做的是「平衡」在場的情緒，以及降低未來可預見傷害的發生率。送走老爸爸後，我請所有的人跟我一起深呼吸，因爲雲霄飛車要從低谷往上爬了，然後我介紹下一個調性完全不同的講者。

如果我沒有做歸零與定心的開場，觀眾很容易無所適從，節目也會難以進行。

在做一次很重要的說話之前，其實從開場所說的話就已經定了調，我稱之爲：定海神針！

療 癒 時 刻

察覺到談話對象的閃光點，
並且以此切入話題，
與對方的情緒同步時，
有時候會出現非常飽滿的療癒時刻。

第12堂

聽眾的小火苗

記下來

講者與聽眾之間的能量是流動的。

練習看看

1. 先發現現場聽眾的特點。
2. 再丟出一顆好球，接住現場的小火苗，善加運用就可以煽成燎原大火。

主持人經常面對群眾。前面〈開場白〉這篇文章中，我提到想要讓現場變得更熱絡，可以找到小小火苗（特別活潑的粉絲），然後將它煽成炙熱大火。

這裡我想進一步說明這個方法。

也許讀這本書的你面對群眾的機會不多，但在學校或工作中，總是會有機會站在台前發表自己的意見，或是面對社團、公司團體演講。

那麼就以演講爲例吧。

當我演講時，只要離台下聽眾的距離不是太遠，我偶爾會開台下一、兩位聽眾的玩笑。

當然這玩笑絕對是無傷大雅的。是不損人，也不傷人自尊，更不是挑釁的玩笑。

通常當你開始點名台下的人時，台下的人會知道：其實你有在注意他們，你並不是自顧自地在說話，是想要跟他們互動的，而台下的每一個反應，其實你都看在眼裡，也都珍惜。

這時候，講者與聽眾之間的能量是流動的。

當你丟出了球，對方接到後再把球丟回給你之後，所有人都會明白這場演講絕不是單向的你丟我看心情要不要撿，而是：如果我丟出了球，你撿得到；而且搞不好我丟得不錯，你撿得漂亮，大家都開開心心。

如此一來，聽眾會更明白：這場演講跟他們過去聽過的演講，是不一樣的。

現場聽眾的注意力便會隨著演講的進行越來越集中。

一次cue一堆人，大家會有不知道你在搞什麼之感。如果只挑一個人出來開玩笑，當然你已經先從那個人身上**發現一些特點**，而那個又是大家聽完之後能夠會心一笑的特點，其實這就是最好的開場與互動。

舉例來說，二〇一八年底我主持蘇志燮的粉絲見面會，那時他剛拍完《我身後的陶斯》這部連續劇。劇中蘇志燮化身爲情報員，爲了調查一宗殺人案而潛入鄰居家當保母，照顧一對雙胞胎。

蘇志燮提到這對扮演雙胞胎的孩子在片場十分調皮搗蛋，他都靠軟糖這項武器收服他們，於是我問：「那今天軟糖也有帶來嗎？」

只見蘇志燮手伸到口袋裡掏東西故弄玄虛，接著從口袋拿出「手指愛心」！這撩妹高招讓現場的粉絲們都樂不可支。

接下來，蘇志燮說自己私底下跟劇中的男主角金本一樣話不多，習慣獨處，喜歡小孩，但仍是孤家寡人的他，沒有生小孩，也沒跟孩子一起生活過。

這時候台下有位粉絲突然大喊：「我可以跟你生！」

一聽到這位粉絲的亂入告白，我立刻問：「生……生什麼？」

粉絲回道：「生……活！」

此話一出，全場爆笑到快失控，我出來安撫現場氣氛：「請大家矜持一點啊！」

接住現場的小火苗，善加運用後，可以煽成燎原大火。

丟出一顆好球之後，撿球的人撿得漂亮，一來一往，現場氣氛熱絡不起來也難啊。

第13堂

調頻有技巧

記下來

與聽眾之間建立關係，這就是調頻的魅力。

練習看看

1. 抓到整場演講的主軸。
2. 注意自己的服裝。穿著得體，會讓對方尊重你要說的話。

做主持人最有趣的事之一，是可以調整現場的頻率。

你可以把現場弄得很嗨，也可以把現場調整得很平和，甚至能清空所有人的腦袋。

舉我做過的身心靈講座爲例。講座當天正是炎炎夏日，又是俗稱鬼門開的日子，來參與講座的學員各個都心情煩雜，連我這主持人也不例外。

由於是身心靈講座，需要先將大家的心沉靜下來，於是我在開場時說：

「不管我們在這個月經歷過什麼令自己煩躁的事，我先請大家想像一件事，就是：在你的心中有一個按鈕，當你按下去之後，你就會歸零。歸零之後，那些曾經干擾你的想法，那些很奇怪的頻率，都會擋在這個演講廳的外面。按下去了，你就成爲空的狀態，然後你可以把今天講座吸收到的所有東西，原封不動地帶走。」

現場所有人聚精會神地看著我。

我接著說：「好，現在我們想像這個按鈕，當我數到三之後，我們一起按下去。一、二、三……」

沒想到當我數到三，大家都按下心中的那顆按鈕之後，居然有人當場哭了出來。

主持人必須**先抓到一個主軸**，將現場的頻率定調在這個主軸上。

那天的講座我抓到的主軸是：歸零。因此在開場時，我運用了前面說到的方法讓大家歸零，也確實讓大家把煩躁的心都丟到場外了。

當時這講座是系列性的，總共有八場。在第一場講座時，開場時我跟大家說：「大家午安～」沒人敢回應我。這就跟去聽古典樂時，大家不知道在音樂演奏結束之後，該不該拍手是一樣的。

但到了第二場時，大家跟我已經有點熟，或說由於經歷過上一場講座之後對我產生安心感，當我說「大家午安」時，至少有一半以上的人回應：「大家午安～」

這時我忍不住脫口而出：「現在大家很熟了齁！」

觀眾笑了。

大家心裡真的會感覺到：我們很熟，我們已經是朋友了。

與聽眾之間彷彿已建立起了關係，這就是調頻的魅力。

主持人必須要很清楚節目的主題爲何，是新聞還是娛樂？是身心靈還是一對一的心靈諮商？

和朋友與家人之間的聊天、溝通也是如此。對方是只想跟你閒聊還是需要你的支持？對方目前的身心狀況是健康還是有待調整？找到談話的主題，就能調頻。**溝通的頻率一致了，有時話不用太多就能一語中的**。

此外，**穿著得體的服裝也是一種調頻**。穿著對的服裝出席任何場合，除了得體之外，也是讓對方尊重你接下來要說的話。

如果今天你要去登山，或是去訪問野戰士兵，就不適合穿著襯衫或高跟鞋去，對方一定會覺得你這個人很瞎。

如果是去訪問專業人士，穿著迷彩褲、球鞋去就相當不合適。想要讓對方更容易進入受訪狀況，就要讓自己先進入狀況。得體的服裝，便是調整自己狀況的第一步，也是得到別人覺得你有備而來的尊重的開始。

當然有的人追求個人特質，到任何場合都穿著個人色彩鮮明的服裝，這當然不是不行，只是要讓對方多花一點時間與你調頻，進入狀況的時間也隨之拉長。而且這通常都會給人一種「我比較重要，想溝通你得先接受我」的態度，如果對方是個敞開的人，或許會欣然接受你的我行我素，如果溝通的對象有點固執，那想要得到主控權的服裝可能會先讓對方皺眉甚至武裝。

對我來說，所謂得體是方方面面。

讓對方從視覺、聽覺、說話內容各方面都覺得你得體；讓對方感受到你願意先主動與他調頻，感受到你所傳遞的訊息：「今天我是來聽你說話。」對方就更容易進入跟你對話的狀態。

療癒時刻

溝通的雙方頻率一致，

有些話不用說太多就能做出最有效的溝通。

第14堂

適當的空白與停頓①

無聲勝有聲

記下來

不是用說話把時間填滿，拚命說話才叫溝通。

練習看看

1. 無聲勝有聲，注意力更集中。
2. 所有現場狀況都是「有機的」，所以人也要變得「有機」。

與人談話或溝通時，有些人總無意識地用話語把所有時間塡滿，以爲要拚命說話才叫做溝通，殊不知，其實有時候無聲勝有聲。

二〇一八年的「池上秋收稻穗藝術節」就是最佳佐證。「池上秋收稻穗藝術節」已邀請我主持七年了，對我而言，如今每年秋天回到池上就像回家一般喜悅。

藝術節的安排通常是一年流行歌手、一年表演藝術穿插進行。流行音樂歌手，如伍佰、阿妹與A-Lin，他們的表演風格是熱鬧活潑的，而表演藝術如雲門舞集與優人神鼓則是沉澱內斂。

二〇一八是「池上秋收稻穗藝術節」十週年，由「雲門舞集」重返池上舞台。我了解雲門的風格，因此在雲門的舞者上場前，我想先讓現場觀眾的心沉靜下來，以最佳心態來觀賞表演。

表演前我先上台與觀眾們說明注意事項，比方說把手機切換到靜音、禁止錄音與錄影，以及提醒大家趕快就座，表演五分鐘後就要開始。

提醒完這些事項後，我突然站著不動，不說話光是看著所有觀眾。大家注意到了我的停頓，他們轉而把焦點轉到我的身上，注意力更加集中，臉上期待著接下來我要說的話。

當下我靈機一動，想到：也許觀眾的注意力集中，可以成爲我說話的內容。

於是我對大家說：

「在開演前還有五分鐘，如果大家已經拍完照、也找好位子坐下了，我希望大家接下來可以花些時間，跟這片田好好相處。在舞者還沒有站上舞台前，這片田，就只屬於你。而你眼睛所看到的，將會永遠留在你的心裡。接下來，我就把時間留給你們，跟這片天，跟這片田。」

語畢，全場迅速安靜下來。

幾分鐘時間，一絲人聲也沒有，直到舞者上場。

這一年的池上藝術節總共有三場演出。

第一場是不收費的鄉親場，只有池上當地人能進場。第二與第三場是售票的正式場次，觀眾來自四面八方，不只台灣，還有來自世界各地的人們。

這三場的正式演出前，只要我說完前面這段話，都收到相同的效果，全場安靜下來，就算有人想說話，也是低到幾乎聽不見的耳語。

為什麼觀眾會這麼聽話守規矩呢？我想是因為「沉澱」對他們來說，是非常難得的體驗。對這些觀眾來說，來池上只為了看表演嗎？不一定喔，想來欣賞池上風景的意圖或許不比看演出少。

「池上秋收稻穗藝術節」正好給觀眾機會，能坐在平常難以接觸的土地上一、兩個小時，好好地看著山、看著稻田、看著藍天、看著白雲的變化，隨著天氣的變化，眼前的大自然每一天都有不同的樣貌。

對觀眾說出用五分鐘看天空、看田……是我站在台上看著觀眾時腦子裡浮現的一個想法，而我覺得我應該要說出來。

如果是按照劇本套路把話說完，就沒有辦法捕捉到當下帶給你最感動的事情、當下最該說的話，以及觀眾最想聽的話。

這一年的池上藝術節三場演出，我每天都依現場與環境說不同的開場白。

第一場鄉親場，我站上舞台時說：「我本來應該說，歡迎大家來到池上；但今天是鄉親場，我想跟大家說：謝謝大家今年又讓我們來到池上，謝謝你們把這個活動做了十年，池上讓台灣多了一個節日、多了一個傳統，每到秋天的時候我們有一個地方可以聚在一起。謝謝你們開放自己的家，讓我們每年都能吃到好吃的東西，享受最新鮮的空氣。」

現場鄉親熱烈鼓掌。

第二天正式場，面對遊客、學者與媒體，我說：「在池上有個最大咖的工作人員，叫做老天爺。『置景』老天爺，你不會知道每天祂要置什麼景，有時候是彩色、有時候是黑白水墨，有時候多雲、有時候晴空萬里，變化萬千。『特效』老天爺，何時要颳風、何時要下雨，你猜也猜不到，每一秒我們都在跟大自然同步與呼吸，是絕對的4DX！」

第三天的第二場正式場，我則說：「雲門讓我在這舞台上學習非常多，有個很重要的學習叫做『日日是好日，天天是好天』。每次來到池上我都在想：不要下雨吧。但豔陽高照時，又覺得，實在太曬啦。但也由於每一天不同的天氣變化，每一場表演都能帶給你不同的感受。也教我學會安然接受每一天的安排，因爲平常可能覺得是痛苦的體驗，在這個舞台上會成爲無可複製的驚喜！」

我記得有一場表演時，雲開了，穿過雲隙間的陽光不偏不倚正好打在舞者身上，那道光彷彿來自上帝。而有一年也是雲門演出，那天下了大雨，雲門臨時將舞碼改爲《水月》，完全不需做特效，那天舞台上的水來自大自然，舞者在舞動身體時，從腳邊濺起的水花，比在劇院中看起來更靈動，這是在要求場場精準的劇場演出絕對不可能有的畫面。

在家裡想得再多、準備得再充足，但現場的狀況是變化的，觀眾的質感是不同的。尤其在戶外，天氣與濕度每天都不同，**所有狀況都是有機的，以至於人也要變得有機**。

當然，說話也要隨之有機起來。

七年的池上藝術節主持經驗，每一年對我來說都是彌足珍貴的學習，都有新的體驗。

第15堂

適當的空白與停頓②

讓能量流動

記下來

有時候沉默會帶來意想不到的效果。

練習看看

1. 不需要把話說滿。
2. 不要想用說話取悅別人。
3. 懂得跟自己相處，才懂得說話中停頓的珍貴。

空白與停頓，在說話中的功用無窮。

對我來說，還有另一個很重要的功能是：**讓能量流動**。

在談話間，你可以先停頓，讓對方的能量先流動，再觀察接下來自己該如何處理當下的情況。有時候，可能有意想不到的事情發生。

二〇一八年我做騰訊新聞《明天之前》*紀錄片，有一集的主題是安樂死。其中有一個想法去訪問三天後將進行安樂死的一百零四歲人瑞的孫子。我們想知道當自己摯愛的親人選擇安樂死，被留下的親人會有著什麼樣的心情。

我在訪問那位孫子時，一開始他的心情很鎮定，他說：

「我是上禮拜才得知這件事，一開始我也是十分震驚，但我尊重他的選擇。」

我問他：「你現在心裡的感覺如何？」

他說：「當然很難過，很不捨。」

說完這話，他突然停住了。

一般來說，如果我做的是普通的電視訪問，我會非常快地把那塊空白補起來，把節目錄完。

可是那一刻我意識到：我必須讓他的悲傷流動。

於是我也停頓下來，我要看看他的悲傷要流動到哪裡去。

而我預想不到的是，他的悲傷流動得太龐大，最後他站起來，把麥克風拆了，離開現場。

他說：「我沒有辦法再繼續做這個訪問。」

可是我覺得也就是這個動作，讓大家清楚知道，其實在面對死亡時，不是一天、一個禮拜、一個月的事。而安樂死，從來也不是一個人的事。

你以爲你可以爲自己的生命做決定，爲自己的生命負全責，但事實上影響到的卻是身邊所有的人。

對我來說，這個採訪中的停頓是：我讓事情發生。

因此，**有時候溝通並不是要把話填得很滿**。

我以前做主持時不是很明白這件事，只覺得把話說滿了，就是把工作做完了。

過去做電台節目時，如果沒有音樂沒有聲音時，那相當尷尬，甚至工程人員會跑進錄音間問：現在是斷訊了嗎？

可是電視節目跟現場活動有影像有畫面，有時候適時的停頓與空白，反而是可以讓觀眾思考的空間，主持人要有信心能鎮住這個空檔，然後讓別人思考。

因此現在我明白，有時候**沉默反而會帶來意想不到的效果**。

我們會說，有些演員的內心戲演得很好，就是因爲演員知道利用沉默，用自己內心的狀態說故事。

而我認爲好的溝通，其實不見得要用文字和語言塡滿，它有很多空間可以被運用。

前面都是用我的工作舉例，接下來我想以自己爲例，說明人與人之間的溝通，也需要適時的空白與停頓。

以前我不懂得跟自己相處，我有能力帶給別人快樂，但我沒辦法讓自己快樂。

和別人相處時，我總是讓自己扮演開心果的角色，想盡辦法把相處的所有時間塡滿，拚命說笑話，話說個不停，那時我認爲，這就是最有品質的相處。

當時的**我取悅了別人，但取悅不了自己**。

而現在的我懂得跟自己相處了，我發現別人跟我相處時，多了一樣東西叫做：自在。

懂得和自己相處之後，對自己我多了一份自在，我接納身邊的所有事情，也因此，別人跟我相處時，也自然而然變得更自在。因為，他們知道我也會接納他們身邊的一切。

現在的我，十分珍惜相處中的停頓、不說話的時間，這種讓雙方都自在的感覺。在沒被填滿的時間中，反而更能感覺到彼此之間能量的流動。

*編注：《明天之前》是騰訊新聞，在二〇一八年拍攝的系列紀錄片，探討的是人類在未來或當下可能會面臨的比較有爭議性的問題。包括：安樂死、ＡＩ性愛機器人、美墨邊境問題，還有人類永生等議題。

療癒時刻

有時候溝通並不是要把話填滿。
適時的停頓與空白，
反而會有讓能量流動的空間。

第16堂

調整好自己的KEY

記下來

創造一個讓人靈光乍現的奇妙時刻。

練習看看

1. 第一步一定要做好充分準備。
2. 回想與沉澱。

大學畢業後工作一段時間，我本來想出國唸書，對於進入演藝圈並不是那麼有興趣。直到二十五歲那年小燕姐找我簽約，我才眞正踏入演藝圈，沒想到就這樣靠說話吃飯超過二十年。

二十年來我最大的收穫是能一直與有趣的人一起工作，在經過主持、歌唱、演戲等多方嘗試後，找到了自己明確的定位，現在的我懂得取捨工作，並且一直維持對這個行業的熱情。

每一次上場，我都希望以最佳狀態呈現在所有人面前。那麼，該如何在上場前調好自己的key呢？這些年來我領悟出了一些方法。

做主持工作時，意志力很重要。過去在上場前，有時候我必須要把氣提得很足，但這往往會讓我在工作結束後感到非常疲累，並不是穿著高跟鞋站兩、三個小時的那種累，而是全身虛脫的感覺。

十幾年主持工作下來，我訓練出了強大的意志力，可是我現在明白不要再用強大的意志力支撐，因爲這會讓我很累，也不一定能做到最佳主持效果。

我最近學會的方法叫做**「靜心」**，這是調整key與頻率最好的方法。這幾年我做得不錯的活動，在準備工作期間，我的靜心都十分規律，例如這週六晚上有一場粉絲見面會主持工作，從一週前開始，我會在晚上花一段時間靜心。

靜心並不難，找個地方坐下來放空，把自己沉澱下來後，再思考要怎麼做這個工作。除了靜心，我也會大量閱讀這位藝人的資料，不管是相關的書籍、綜藝節目、電視劇、CD、MV等等，我都會盡量全部看過一遍。

活動前最後一週，開始做靜心整理。

在大量閱讀時，我已經知道對哪些片段印象特別深刻，可以作爲我運用的元素。最後一週在做靜心冥想時，我便回想這些片段曾帶給我的感動，以及找出這位藝人究竟有哪些特質，讓他如此獨一無二、無可取代，並且該如何在粉絲見面會中運用出來，與粉絲做連結。

我相信，那些讓我痛哭流涕的感動片段，也同樣能感動粉絲，況且粉絲比我愛那位藝人百倍以上，他們不可能無動於衷，得到的感動一定比我更多。我只需要在活動中點出來這些感動，很快就能得到共鳴——「對！就是這個，我們之所以這麼愛他就是這個原因，謝謝妳說出我們的心聲！」

最後一週的靜心沉澱很重要，之前做大量閱讀的功課也很重要。前面的準備是打好地基與一層一層往上積累，後面的靜心則是幫助我抓住說話的重點，以及鋪陳活動進行的層次，哪個重點適合先說、哪個適合放到後面說。更重要的是，在沉澱時我往往會看見那位藝人的閃光點，抓住那個閃光點再將它放大，通常能一言中的。

或者也可以這麼說：靜心能創造出讓人靈光乍現的奇妙時刻，而這乍現的靈感，往往就是成功的關鍵點。

在韓國綜藝節目《高校Rapper》中，我看到「靜心冥想調整呼吸」的最佳範例。這些參加說唱比賽的高中生中，有一位選手在上一季比賽時還是個不起眼、表現普通的小胖子，但是到當季他整個脫胎換骨，比賽時判若兩人。

主持人問他爲什麼會有這麼大的轉變，他說：「因爲我最近在冥想。」

這位選手所寫的歌詞都非常有哲理，文字中呈現對生活的沉澱與反思。

而當我聽到這位高中生選手說出他作品的成長，其實是來自冥想時，我深受震撼！原來現在靜心冥想可以用這麼潮的方式傳達，我也要加油，不能輸！

第17堂

臨場狀況

記下來

把自己放在一個對的位置。

練習看看

1. 上台前調整自己的呼吸。
2. 把生命和生活放在工作前面，不勉強自己。

你可能也有過這種經驗，不管是爲了一場重要的簡報、演講、面試或講座，明明在上場前一切都準備妥當，認爲絕對萬無一失時，偏偏在上場前身心出了狀況，導致正式上場時無法百分百發揮到最佳狀態。

由於自己身心狀態不佳而搞砸的經驗，我也有過。印象最深刻是高中有一回參加相聲比賽，那天一大早起床就拉肚子，儘管前幾天我準備得非常充分，但比賽時整個人的狀態卻提不上來，最後輸掉了比賽。

當時的我不懂，明明我沒忘詞啊，怎麼就輸了呢？我後來了解這就是自己的狀態不對，我沒有把能量帶出來，因此雖然一字不漏完成表演，但缺少了靈魂，精氣神不足。

不管當天身心狀況如何，現在我在正式上場前會先做一件事——**調整呼吸**。

調整呼吸能讓自己的心靜下來，把能量帶上來，把自己放在一個最對的位置。

如果把自己放錯位置會有什麼樣的後果呢？有的人可能上場後少了精氣神，使得現場反應不如預期；有的人可能會過嗨，明明是一個需要沉澱的場合，但台上的人卻自顧自地嗨了起來，使得台下的人坐立難安。

除了當天突發的身心狀況之外，有時候過度的消耗、過於緊湊的工作步調也會影響自己的能量。

我是個逼自己很緊的人，常常把自己搞得很累。剛出道的前五年，我幾乎是7-ELEVEN全年無休，電視節目、電台直播節目、出唱片……忙碌的生活過度消耗了我的身心。這樣的忙碌再過了幾年，我開始覺得自己沒有東西可說了，過去的消耗幾乎將我掏空，而我又是一個自我要求極高的人，那個時候，我一點也不喜歡這樣的自己。

我也可以用一些小聰明把工作做完，很多觀眾可能其實看不出來也不在乎，但我總覺得用小聰明就能把事情做好，對我來說可能表示這件事情誰都能做，不見得需要我。

這些年，我開始**不勉強自己，會適時給自己一段停頓的時間**。

現在的我之所以接新聞性節目或是紀錄片，是因爲這些節目既是工作、也是學習，我把在工作中的學習當作一段停下腳步的時間，這樣的工作不是消耗，反而是再沉澱、再成長。

此外，我也給自己生活的時間。沒有生活，我整個人會變得乾涸，我需要留時間給家人和朋友，需要去探索這個世界，這些都能滋潤我、成爲我的養分。而一旦我不再乾涸，往往工作也能做得更有品質。

二〇一五年，我做一個外景節目泡到汙水，由於免疫力低落而造成細菌感染，緊急入院治療一週，出院後還必須再休養好幾個禮拜。當時我的心情慌亂無比，四處去查各種文獻，甚至懷疑自己是得了癌症……

後來我才明白，其實過去我一直錯誤對待自己的身體——「疾病是身體寫給你的情書」，這次身體給我的情書，上頭寫著：親愛的，妳好久沒有正眼看看我了，妳是不是該回過頭來愛我、好好珍惜我呢？

現在的我不再和工作糾纏，把生命和生活放在工作的前面，不勉強自己接工作。當我轉念之後，上門的反而都是我眞心想做、願意投注熱情的工作，而且收入一點也沒變少。你瞧，這就是身體跟生命給自己的肯定與回饋啊！

第18堂

不可預期的療癒時刻

記下來

雙方如果能出現情緒同步與流動，這必定是一場愉快而舒服的對話。

與對話者之間情緒同步，那心領神會時刻乍現之際，永遠設計不來，是如同奇蹟般的療癒時刻。

主持公視《藝文大道》時，有一回我訪問風潮音樂的國際音樂總監吳金黛製作人，她帶著原民音樂專輯來受訪，這一集節目的主題爲：收藏土地最美的聲音風景。

我問吳製作人：「妳開始做原住民音樂的契機是什麼？」

她說：「我有個錄音師朋友那時剛好缺人手，他請我去山上幫忙錄些聲音回來。當時我跟著一位部落長老走進一處人跡罕至的森林。長老跟我說：『當妳在大自然中聆聽聲音時，就是在打開妳心裡那扇窗。』」

當吳製作人說到「就是在打開妳心裡那扇窗」時，不知爲何，她那時在森林裡看到的畫面，竟在我眼前重現了！我不禁在心中吶喊：「見鬼了～！」在不可置信的同時，我的心在當下也被深深觸動。

在我**被觸動的同時**，我想我的眼神產生了變化。（See，這就是我之前說的，心裡的畫面會影響你的表情。）

更神奇的是，當吳製作人看著我的眼睛時，她知道我看到了那些畫面！

這個與受訪者彼此心領神會的奇幻時刻，我倆只差沒有緊握對方的手，透過手心的溫度，確認彼此得到相同的感動。我和她按捺住激動把節目錄完。

這種不可預期的美好，是現在我在主持節目時，或是與人對話時，最期待捉住的瞬間。

這個瞬間，帶給我**無與倫比的快樂與能量**。

二〇一八年我做騰訊《明天之前》紀錄片幾近半年，透過這個紀錄片，我到世界各地去採訪特殊職業或特殊際遇的人們，例如死亡醫生、AI性愛機器人、非法移民……而採訪中南美洲的非法移民，也帶給我同樣的療癒時刻。

我去採訪那位非法移民媽媽時，她已經申請到暫時的政治庇護，過了美國邊境，暫居於中途之家。這位南美移民帶著她三歲的女兒，對我訴說她爲什麼要走上逃難的道路。

她原本在一間教會做義工，希望能幫忙宣導青少年不要再吸毒、販毒，不要進入黑社會。由於她做了這些事，被當地的黑道視爲眼中釘，打電話到她家，跟她說：

「妳如果三天之內不走，死的不是妳，是妳女兒，妳自己好好想想！」

這位媽媽知道這些黑道人士什麼事都做得出來，只好帶著三歲的女兒逃亡，試圖越過美國的邊境。

逃亡一路上，當遇到盤查時，惡劣的人蛇就把全車的人趕下車，他們要所有人躲在草叢中迴避盤查，接著人蛇便把車子開走，讓他們心驚膽顫地在草叢中等待。無法得知人蛇何時回頭來接他們，只能徬徨無助、漫長地等待著。

到了美墨邊境時，人蛇再次把他們趕下車，說：「我只能送你們到這裡，你們自己想辦法吧。」

這位媽媽看著邊境，心裡想著：我到底該怎麼辦才好呢？……

最後她決定：好，我要衝衝看！

於是她抱著女兒，對她說：「妳要抱緊我！」

當她對我說「抱緊我」這三個字時，我立刻進入了那位媽媽當時的狀態。

一個沒有回頭路的非法移民媽媽，以自己的強大意志抱著年僅三歲的女兒，鼓起勇氣要衝過那條人爲的邊境線，而她們唯一能期盼的未來，就在邊境線彼端……

在這個當下，我與那位媽媽的**情緒同步**了。

接著，她又跟我訴說了越過邊境後到美國所受到的不人道待遇，以及當她決定要離開家鄉時，心中就預備著可能此生再也無法與父母見面……如此種種，讓我完全無法冷靜，只能哭著把這段訪問做完。

最後我握著這位母親的手，對她說：

「不管別人對妳做了什麼或說了什麼，他們都不能從妳身上奪走妳的勇氣。而我相信妳的女兒有一天會明白，妳是抱著多大的勇氣帶著她逃離威脅，奔向一個可能有希望的未來。」

這種不可預期的療癒時刻並不常出現，對我來說，它是我現在主持節目最期待的驚喜，也是讓我繼續主持工作的動力。

不只是訪問對象，跟親友聊天或溝通時，雙方若能出現情緒同步與流動，這必會是一場愉快而舒服的對話，彼此都能度過一段美好的、滿足的交流時光。

Chapter

/3/

話語的表面與背後各有意義

第19堂

正面力量

記下來

尋找話語中的正面力量，是溝通中非常重要的一件事。

練習看看

1. 試著回饋對方的正面力量。
2. 不帶任何負面情緒離開。

報我。

真正好的溝通絕對是雙向的。

自己的能量投射出去後，也得到同樣的回饋。

我之所以喜歡做粉絲見面會，是因爲知道我投射出去的愛，粉絲也會用同樣的愛回報我。對台上的藝人我也一視同仁，我對藝人投射與粉絲同等的愛，藝人往往也會同等地回報我。

因此會讓人覺得累的溝通，通常是一方拚命給予，另一方彷彿無底洞般全部吸收，只進不出。

只要吸收的那一方，願意給予一些回饋給付出的那一方，那麼雙方就是有了交流，這才能成立好的溝通。

這也是爲什麼在〈不可預期的療癒時刻〉這篇文章中，訪談的最後我要握住那位帶著三歲女兒逃亡的非法移民母親的雙手，說那段鼓勵的話給她聽。是因爲我不能光是吸收負面能量，並且把這些能量帶回家，如果我能夠把負面能量轉爲正面能量，並且說出口，這個訪問才得以成爲一個完整的交流。

雖然從那位母親口中說出的是悲慘的故事，但我看到的卻是**勇氣**。

在製作《明天之前》紀錄片過程中，我接收到各種不同的情緒，有的人充滿憤怒，有的人滿懷悲情……我不讓情緒只是單向，而是盡量在工作現場把交流完成，不帶任何負面情緒離開。

這就是做了這麼久的主持工作，我至今還沒讓自己空掉的原因。每一次交流都讓我充滿能量。

尋找話語中的正面力量，對我來說是溝通時非常重要的一件事。

如果在溝通中只注意到對方的負面，心想對方只是在消耗自己的能量，這樣很快地你就會開啓自動防衛機制，不自覺地也對對方回擊負面情緒。如果能試著去找到對方話語中的正面，並且抓住它，再將這個正面像迴力球一般丟回給對方，這就會是一個好的溝通。

舉例來說，那次對非法移民母親做的訪問，如果在結尾時我對她說：「妳真的好可憐，我真的好想幫幫妳，告訴我，我能夠怎麼幫妳呢……」

這不見得是那位母親想聽到的話。她想要的是被理解，想要的是這個故事被傳遞出去，鼓舞其他跟她有相似遭遇的人，而不是被同情。

因此，在那當下我能夠做的，就是讓她了解：我知道了。

然後在她的故事中抽取最精華的部分，再如迴力球般回饋給她。

在〈不可預期的療癒時刻〉這篇文章中沒提到的是，最後的最後，我再跟那位母親說：「關於妳的父母，我相信他們一定知道，他們把勇氣遺傳給了妳，因爲如果是妳受到威脅，他們也會帶著妳去做同樣的事。」

這片尾的彩蛋，希望也如迴力球般，送給正在閱讀中的你。

第20堂

別人的想像

記下來

話說得再漂亮都比不上別人的想像。

練習看看

每一次與他人溝通像做實驗，試著自己分析，觀察別人也等於觀察自己。

關於說話中的停頓，還有許多面向可談。

我想再跟大家聊聊，有時候停頓也是讓溝通的雙方把想像填滿的時間，你的話說得再漂亮都比不上別人的想像。

我很喜歡舉一個例子來說明，**為什麼停頓也是想像的時間**。

香港的陳可辛導演常常在他的電影中用老歌當主題曲，例如電影《甜蜜蜜》裡他用了鄧麗君的〈甜蜜蜜〉或是《中國合伙人》裡他用了Beyond的〈海闊天空〉，而在他監製的作品《金雞》裡他則用了陳百強的〈一生何求〉這首歌。

我總覺得陳可辛導演這種運用很聰明，這些歌曲都是經典，每個人可能都在這些歌曲中投射了某些回憶。當這些歌曲的旋律在電影中出現時，讓觀影者流眼淚的，不見得是劇情，也許是他們心中的回憶。

而當觀影者心中的回憶與銀幕中的主人翁合而爲一的時候，就達到了娛樂效果。觀看一部電影，無非是想大笑或大哭，釋放心中的某些感覺。陳可辛導演深諳這種道理。

此外，有時候說話時的停頓，是讓對方能夠更深入地觀照自己的內心，跟你達成共鳴。

下一篇文章〈在同一個頻率溝通〉中我會提到：語言有局限性，你說的快樂與我說的快樂，也許有程度上的不同。

可是「停頓時的空白」，是無遠弗屆的。語言是往內縮，空白則是往外擴。有時候適度給對方空白，就是讓對方自行去填滿，而他通常會將自己覺得有用的東西填入空白。

或許你會說：要是對方把事情想歪怎麼辦？他會不會填入的是有害的東西？

當這種情況發生時，你可以再試著將對方的想法導正回來，也就是說：如果這段給對方的停頓用得不好，採不採用的決定權其實在你的手上。

多練習溝通，累積經驗後，你會拿捏得越來越好。

在練習中，你會發現每一次與他人溝通都像是做個實驗。你可以自己分析，為什麼同樣的話在這些人身上奏效，但用在那些人身上卻行不通？分析過後，自己有沒有能力做調整呢？

在給對方停頓時，也是觀察對方的時間。

我總認為：觀察別人就是在觀察自己。

當我聽著對方說他自己的故事時，我不只是聽對方發洩，同時也在觀察我自己：這個人的故事到底有哪些地方吸引我呢？哪些部分跟我的生命有共鳴？聽到什麼事會讓我生氣？爲什麼我會爲了這件事生氣？哪件事會觸動到我，讓我感同身受，想把能量傳達給對方？……

你發現了沒？溝通的最終還是回到自己的內心。與他人溝通，也是與自己溝通的過程。

每多一次溝通，就是多一次了解自己的機會。練習溝通，對我來說實在是個太好玩的遊戲，直到現在我都樂此不疲！

第21堂

在同一個頻率溝通

記下來

語言有局限性，每個人定義不同，所以調在同一個可以溝通的頻率非常重要。

相信各位都曾遇到過跟自己明明不熟，卻要跟你裝熟的人。你的感覺是什麼？大部分的人會覺得這個人說話很沒分寸吧。又或者明明是自己的熟人，但那個人跟自己說話卻戰戰兢兢、小心謹慎，讓你心裡納悶：你是哪裡不舒服？還是有求於我？還是你有高下之分，把你自己放得太低？

這也是一種沒分寸的說話。

尤其**在職場上，說話的分寸更是重要**。有些主管很愛開玩笑，但如果你眞的跟主管勾肩搭背、稱兄道弟，他會覺得你很白目甚至跟你翻臉。演藝圈尤其注重這種輩分關係。見到比自己資深的藝人，往往稱兄道姐，在有些工作環境這麼說話也許是沒禮貌（聽說在出版界不宜），但若在演藝圈，你不稱兄道姐才是眞正沒禮貌！

因此有時候懂得正確稱呼對方，也是一種說話的分寸。

在拍《明天之前》時，我也處理過同樣的問題。

我訪問一位重度身障的英國女議員，她的全名很長，其中還包含了她的爵位。我的英國導演告訴我跟她破冰的方法，他說：「妳進去後就問她，我要怎麼稱呼您。」

我問了那位議員該怎麼稱呼她之後，議員回我：「妳不用稱呼我的爵位，那太長了，用我的名字稱呼我就行。」

其實這就是一種有禮貌的寒暄，有分寸的說話，而且不會踩到對方的底線。

即使是同一種語言也有地域性的文化差異，更何況是不同的語言。

這是語言的好玩之處，也是它的局限性。

語言之所以有效，是因爲它的定義是約定俗成。比方說聽到「快樂」，你就知道這是一種喜悅的心情，可是快樂還有分層次，是「狂喜的」快樂？還是「淡淡的」快樂？是看到日出的快樂？還是得到一千萬的快樂？

不管是指哪種程度的快樂，只要說出快樂兩個字，彼此就已經是在溝通，儘管還沒有溝通到最核心的地方——就是快樂的程度。

正是因爲語言有局限性，每個人對它的定義不同。與其去深究話語中的意思，還不如把彼此調在一個可以溝通的頻率。

今天是要用愛交流？要來就事論事？要來談感情還是談跟錢有關的事？談論跟錢有關的事，其中就沒有愛嗎？其實有沒有愛，這個能量是可以讀取得到的。有時候過於斟酌字面上的意思，反而會誤讀許多訊息，畢竟即使是同一個詞句，對每一個人來說裡面可能有不同的回憶或含義。因此對我來說最準確的不是語言，對方說什麼有時候不重要，「不說什麼」有時候反而是最重要的。

我會去注意句子與句子之間的停頓，這個停頓特別重要。出現停頓，可能是指：我給你這段時間，讓你想想我剛剛所講的話。另一種停頓可能是指：接下來我要說的話很重要，我要你專心。

有時候停頓也可以讓你停下來觀察對方的反應。觀察對方有沒有聽懂自己說的話，需不需要再補充？或是說到這裡已經可以告一段落了，接下來可以換另一個話題來談。

停頓是一種強調的藝術，再次強調只要善用停頓，你的說話就會產生力量。

停頓也可以是一種調頻的方式，覺得彼此頻率不一致走偏了，停一停，深呼吸，把頻率調到你原本要的狀態再重新開始。

第22堂

關鍵字延伸話題

記下來

挑出關鍵字這個方法，有時候還能夠成為切入對方私領域的利器。

練習看看

觀察對方說話的眼神、說話的語氣、表情，現場的情緒，如果對方並沒有認真回答，可以盡快轉換到下一個話題。

爲了拍攝《明天之前》，我到許多國家去採訪。工作時不是使用中文，而是用英文與拍攝對象和當地工作人員溝通，這對我來說是極大挑戰。

有的訪談我可以百分之百了解對方在說什麼，因爲他們用的不是非常難的英文。有的訪談我可能只能理解六成，可是這六成教會我：要試著看到話語背後的意義。

這半年的拍攝工作，我彷彿脫胎換骨，學習到許多聆聽的技巧，而且我理解到：有時候字面上的意義是謊言，更深層的意義藏在話語的背後。

聽不懂的時候，我便觀察受訪者在跟我說話時，他本身處在什麼樣的狀態。他是用流水帳式的方式說話？他眞的了解他所說的話的含義嗎？他說話時有多少熱忱在裡面？還是他只是希望你掏出口袋裡的錢？

不需要透過逐字逐句去理解對方，而是穿過文字到字面背後，去看對方說話的眼神、說話的語氣、說話的表情，或是他攜帶來現場的情緒——恐懼、傷心、失望、雀躍……等等。

你還可以進一步觀察，比方如果對方表現出雀躍，這是眞實的？還是只是撐起一口氣佯裝的？這些細微之處，其實仔細觀察就能分辨得出來。

透過這些觀察，我可以知道對方在回答某個問題時，他看不看重目前說出的話。如果我發現對方並沒有認眞回答問題，就趕快讓他說完，轉而進入到下一個問題。

在無法完全聽懂對方的話時，很有可能使對話中斷，這時候，有一個延續話題的技巧可以運用——**尋找關鍵字**。

話語中的關鍵字，往往是對方想說的重點。也許對方說了一百句話，但其中九十九句都毫無意義，只有一句話是對方眞正想說的，這就是關鍵字。當它出現時，你會發現對方把語氣加重在這裡，那就是了！

除了加重語氣，有時候關鍵字在一段話之中會聽起來特別突兀。比方說對方所說的一百句話中，充滿了喜樂、平和與愛，但突然出現了一句頻率往下降的話，彷彿帶著點埋怨，與之前的喜樂不搭軋，就把這句話挑出來，再以這句話爲關鍵字來提問，這句話通常是打開下一個話匣子很有力的工具。

對方會意識到：「你挑出我的語病了！」他會想要進一步解釋自己爲什麼說出這句突兀的話。

或是其實對方有時根本沒有發現他說的話無意間透露藏在潛意識下的本意，當你點出來後，他也得到一個重新檢視自己的機會。

而挑出關鍵字這個方法，有時候還能夠成爲**切入對方私領域的利器**。

舉個例子，《明天之前》的受訪者中，有許多是科學家，他們習慣用一堆理論或實驗陳述想法，但事實上我想進入的是他們的人生。

其中有一集的主題是「人類永生，長生不老」，我去訪問一位哈佛醫學院的巨擘喬治．丘奇（George McDonald Church），他在研究能夠讓癌症消失的基因編輯工程，以及做罕見疾病的治療。如果眞能將癌症與罕見疾病消弭於無形，人類的平均壽命又能更爲延長。

喬治先生有嗜睡症，他有時候走在路上可能就會突然睡著，因此他沒辦法騎車、更別說開車。但他進入嗜睡症時，就進入了靈感夢境，清醒時百思不解的題目，當他在倒下入睡後，會突然得到解答。

由於去採訪喬治先生時剛好是中秋節前後，我送他月餅作爲見面禮，他說：「眞巧，我太太從台灣來的。」從他的話語中找到「台灣」這個關鍵字，不斷把話題往下延伸，我聽到了一個驚人的事實——他是《未央歌》作者鹿橋先生的女婿！

正因這個由月餅開啓的情感連結，拉近我與受訪者的距離，讓訪問不斷升溫，增加紀錄片的可看性，而不是只充斥著硬邦邦的醫學用語。

想要打開話匣子，有聊不完的話題。尋找話語背後的意義以及尋找關鍵字，這兩個好用的技巧，不管在工作或私領域的溝通中，都是十分有用的工具。

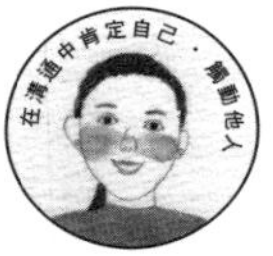

療癒時刻

聽不懂的時候，我便觀察受訪者在跟我說話時，他本身處在什麼樣的狀態。

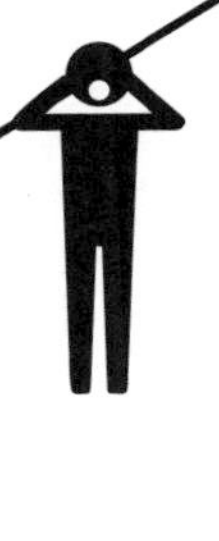

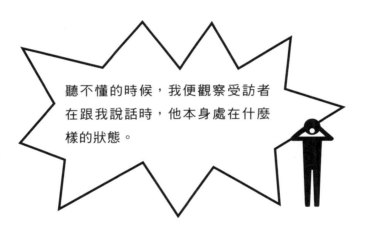

第23堂

靈活

記下來

隨機應變改變話題，可以讓說話更靈活。

練習看看

1. 臨場用閃光點來找問題。
2. 與受訪者情緒同步。

拍攝《明天之前》帶給我太多難忘經驗。其中有一集主題是「AI性愛機器人」，我訪問一位西洋棋棋士、作家、與AI機器人專家大衛·利維（David Levy），他在二〇〇七年出了一本名爲《Love and Sex with Robots》的書，書中他預言，人類在二〇五〇年時可以與機器人結婚，甚至可以生小孩。

之所以跨足AI這個領域，是因爲身爲西洋棋冠軍的他，曾被人工智慧給打敗。想打敗敵人就得研究它！憑著這個信念，他一腳踏入AI人工智慧的研究，成爲一位知名的理論型AI專家，是一位做什麼像什麼的奇人。

當他一走進採訪空間，我注意到一件事。一般受訪者走進來，通常會先拿出手機，把手機關成靜音。

這位奇人也這麼做了，只不過他拿出來的不是智慧型手機，而是一支Nokia手機！

這個畫面對我而言太有衝擊性了！但也因此讓我臨機應變做了個調整：我把開場的提問全部修改。

第一題我改問大衛先生：「我剛剛注意到一件事，您用的是Nokia手機，但您研究的是ＡＩ人工智慧，這有些超乎我的理解。」

他用十分冷靜的語氣回答我：「因爲我想多留一點時間給我自己和我的家人。」

依據他的回答，我繼續切入關於他這個「人」的層面，而不是我丟給他一個學術性的問題，他再丟回給我學術性的答案。

而這些學術性答案，在如今強大搜尋引擎的幫助下其實不難查到，我之前在爲訪談收集資料時就已經讀過。

這靈機一動修改問題，讓這位ＡＩ機器人的專家，能呈現更多他的獨特性格在觀眾的面前，他整個人在訪談的一開始就放鬆了，使這個訪問變得更靈活。

後來大衛先生談起他的家人，說起他的睡眠狀態等等。他從一位嚴肅的學者，轉變成一位深愛家人與生活的和藹長者。

這**現場臨機應變的反應**，並不是訪問大衛先生當下就學會的技巧。之所以能即時發揮，要感謝主持公視《藝文大道》這五年帶給我的磨練。

一集又一集的訓練，像堆疊積木一般，一層一層往上累積，成爲日後應用在我工作與生活中的寶貴經驗值。

五年期間，我訪問過數百位藝術家，每一次訪問都是深度訪談。有時候只訪問一位來賓，有時候來了幾位甚至整團來賓。來賓的狀態有好有壞，我必須視情況臨場應變。如同長跑，跑步里程的累積等同於能力的增長，《藝文大道》數百次的訪談也累積了我的能力。

雖然電視節目的企劃會在每集節目之前準備好訪綱給我，訪綱中的問題通常是童年、求學經歷、爲何進入這個領域、介紹作品……等基本問題，可是如果要使節目呈現得更精采，只靠這些基本問題並不夠，主持人還必須深入受訪者的靈魂，將他們的獨特之處挖掘出來，讓觀眾看到受訪者更有人性的一面，而不單單只是介紹作品。

因此，我往往是**臨場找問題，從受訪者的應答中發掘閃光點，並將之放大成節目的亮點**，讓《藝文大道》不只是一來一往的訪談，而是成爲不斷閃現靈光的好看節目。

甚至有的時候，還能**與受訪者的情緒同步**，獲得極大的回饋與滿足。一如在〈不可預期的療癒時刻〉中談到的訪談經驗。

我能一直在主持工作兢兢業業、不覺厭倦，或許正是爲了能持續與這美好經驗不期而遇吧。

第24堂

示弱不是壞事

記下來

不要覺得自己被打敗，也不需要把錯全攬在自己的身上。

練習看看

1. 放下每次溝通都得成功的執念。
2. 不「膨風」自己的能力。

如果針對「在溝通中最怕碰到的場面」做問卷調查，「尷尬的場面」應該會名列前茅吧。

我做了超過二十年的主持工作，有時候還是會面臨到尷尬場面，例如做《明天之前》時，我曾去倫敦訪問一位醫學界的博士，想跟他請教與安樂死有關的議題。

但卻在訪問時，我全身冒冷汗，感覺到汗沿著背脊不停往下流。這是因爲雖然這位學者說的英文，每一個字我都聽得懂，但串起來我無法理解他在說什麼。

但我卻坐在他面前採訪，旁邊還有工作人員在拍攝。

當這位學者說完一長串話之後，我發現我無法從他的話語中挑出關鍵字來問下一個問題！

在那個當下我慌了。於是下一題我問得坑坑疤疤。

訪談結束之後，我感到非常沮喪，我走去跟翻譯說：「我覺得我剛剛的訪談做得很爛，很抱歉。」

翻譯對我說：「寶儀妳不用在意，有的人就是喜歡掉書袋，就連我也聽不太懂。」

翻譯的意思是，英文可以有很多種選擇，可以平鋪直敘、像對小朋友說話般一句一句讓他明白，也可以說了一個句子之後，後面再接一大串話來解釋前面那個句子，但最後又來個否定句，推翻前面所說的所有話，把英文搞得像迷宮一樣。而我就是被困在這個迷宮裡了。

後來連英國導演也安慰我說：「有時候我們也會被繞進迷宮裡，妳做到這種程度就可以了。」

對方毫不顧慮英文不是我的母語，仍然選擇用深奧的英文跟我說話，這讓我明白一件事：有時候先示弱不是一件壞事。

在接下來的採訪前，我會先跟受訪者說：

「英文不是我的母語，因此我待會兒問的問題如果你聽不懂，或是我用錯了字，請你讓我知道，我會重新再問一次。在這裡先說不好意思。」

我先示弱了，而大部分受訪者都會體諒這一點，讓訪問順利進行。

如果你說話的目的是為了溝通，就不要挑起戰事。

你是來聆聽別人心裡面的話，就讓對方用最輕鬆的方式把話說完。

如果對方反客為主，也不需要沮喪，有一個方法是：讓自己消失吧。就讓對方把想說的話說完，有時候，對方把話說光了我們才有趁虛而入的機會。抑或，其實你也只是得到了一個放下的機會，放下那個每次溝通都得成功的執念。

不管是私人的溝通或是公開的溝通，甚至是演講與表演，都會有失敗的時候。遇到這種情況時，自己先理性地釐清這次溝通不良到底是誰的責任。

比方說，我在主持頒獎典禮時把某某先生說成某某小姐，這絕對是我的錯。或者我開了一個玩笑，大家都笑了，我做到效果，但卻傷到了某人，這也是我的錯。

但如果是有人力求表現拖長時間，影響了現場流程，那就適時提醒時間差不多了即可，這個就不是主持人的錯。

不要覺得自己被打敗，也不需要把錯全部攬在自己的身上。

盡量把準備做足，不「膨風」自己的能力，在溝通現場遭受到挫折就可以迎刃而解，並且跟沮喪說：你慢走，我不送！

第25堂

認清主角是誰

記下來

話多並不代表你存在。

練習看看

先了解自己該用什麼樣的頻率與能量說話。

遇到不會看場合、滔滔不絕說話的人，你會有什麼反應？大部分人的心中ＯＳ應該是：也不看看這是誰的主場，話到底說夠了沒啊！

即使我去參加別人的喪禮，職業病使然，儘管是在哀戚的氣氛中，我還是會偷偷觀察主持人。

不管是喜事還是喪事，都要認清主角是誰。喪禮不容易主持，要先弄清楚這場喪事是爲過世的人做的、還是爲活著的人做的？這兩者的差別極大。

做主持人得認分，話說到分上就好。我們最常在婚禮中看到反客爲主的主持人或是證婚人話超多，多到台下的賓客都失去耐性。

爲什麼有些人話過多？因爲他想證明自己的存在。

但是，**話多並不代表你存在**。

話多的人通常有種不安全感，當占用的時間夠長時，彷彿自己就變得重要了。因此我覺得談到溝通，必須先往內看，當你看清楚自己之後，才能做出有效的溝通。這樣你就不會說錯話，也會懂得看場合說話。

舉例來說，如果我是證婚人，我要先弄清楚自己跟兩位新人的關係，我的話能說到什麼分上。我必須先觀察，是新娘想要這個排場呢，還是新郎的家人需要這個排場，再決定要把局做給哪一方。

從禮金誰收得多，哪一邊的招待桌，客人排得長，許多細節可以觀察得出來。致詞時，我就知道主要可以對哪一方說話，但也不忽略另一方的心情。重要的是，要把自己縮得很小。因爲這是別人的婚禮。

同樣地，不管是粉絲見面會還是記者會，都是別人的。

主持人要懂得自己扮演的角色，溝通也是一樣。

在跟別人溝通時，如果你把自己不斷擴大，很多時候是**因為自己沒有安全感**使然。由於太想證明自己存在，於是不斷以「我」爲發語詞，讓對方只能不斷聽你說話，這種溝通方式，只會讓聽你說話的人覺得不舒服、甚至厭煩。

若從聆聽者的角度來看，聆聽者往往會心想：你要不要先處理好自己的問題，再來跟我溝通呢？

以爲自己是來溝通，但其實只是想被摸頭，就算遇到能夠一邊摸摸你的頭、一邊對沒有安全感的你說：「你很安全，我很愛你。」的好人，平撫了你的不安，也不見得能解決原本你想來溝通的問題。

不安全感來自內心。就算對方眞心說你美，沒有安全感的人也會覺得：「這應該是在說反話吧。」許多自我質疑的聲音在內心纏繞。

那麼要如何才能站對溝通的位置？先了解自己該用什麼樣的頻率與能量說話。

想要扮演一個幽默的人？還是一個有點嚴肅的人？就像演戲一樣，同一句話可以說得有點嘲諷意味，也可以說得有些哭腔，那麼哭在哪個字可以最扣人心弦？或是把話說得有些篤定，那麼要強調的重點是什麼？重音要放在哪裡，更可以把話說得充滿喜悅？……表達喜怒哀樂有各種層次。

演戲有劇本，但人生沒有劇本。人有各式各樣的選擇，而要扮演何種角色，你可以自己決定。

第26堂

練習換位思考

記下來

轉移焦點，用其他角度來看同一件事。

練習看看

1. 別只用一種角度看事情。
2. 別自顧自地說話。

除了做主持，我還當過歌手、當過演員。因此我採訪過別人，也接受過採訪。我很幸運有機會嘗試各種不同的工作，了解每一種工作角色的感受。例如當我接受採訪時，面對自顧自地說話、完全不管受訪者說什麼、對受訪者一點也不了解的主持人，當時我心裡有多麼如坐針氈，甚至感覺自己受到傷害。我也遇過不熟裝熟、一心挖掘八卦、完全沒有禮貌的主持人，當下帶來的可能是憤怒，但也給我一個很深的體悟：我不要成爲這樣的人。所以這麼多年來，我一直有個座右銘：我不會爲了五分鐘的訪問，壞了一輩子的交情。

主持人與受訪者之間的溝通單向化，使得受訪者感到不受尊重。日常的溝通也是如此，當坐在你對面的人如果不斷說著自己的事，你一定感受得到他只是來說他想說的話，不一定是眞心想得到你的建議。

演藝工作早期的各種角色扮演，讓我了解到「**換位思考**」的重要。主持人這個角色，**不該是拚命說話的人，而是要聽別人說話的人**。

二〇一九年年初，我做騰訊新聞的春運直播節目《回家的禮物》*，直播第一天是我們與一位老師連線。這位老師有個學生剛失去了母親，學生才八、九歲，老師觀察到這個孩子在失去母親後雖然看起來開朗，但其實在人群中變得退縮了，甚至在日記中寫下了沮喪與仇視的語言，字裡行間充滿了失落感。他希望能透過《回家的禮物》的連線，送給學生一份來自陌生人的溫暖禮物。

我與這位老師連線時，我問他：「老師爲什麼覺得這一定是一份來自陌生人的禮物呢？」

老師說：「我想讓這孩子知道，他還是能得到來自陌生人的關心，不需要把自己封閉起來。」

訪問結束之後，我說：「我眞的很希望能夠成爲給這個孩子人生轉捩點的陌生人。在我們的生命中，或多或少都有陌生人扮演過轉捩點這個角色，現在我們有能力做這樣的事。」

那天直播的最後，我們安排一位來賓去送禮物給那位失去母親的孩子，不知爲何，當時我突然有了一個靈感。

大部分的人都會把焦點放在小孩子很脆弱、沒有媽媽的孩子很可憐這些事情上，但我跟那位去送禮的來賓說：

「如果你眞的去送禮物給孩子，可不可以也給他的爸爸一份禮物呢？因爲他也是剛剛失去了他的伴侶。」

我們常只把焦點集中在一件事情上，但事實上事情會有各種不同的面向，所謂換位思考便是轉移焦點，用其他角度來看同一件事。

一開始大家一定會把焦點放在孩子的情緒上，最基本的換位思考是你可以問自己：如果我在九歲時失去了媽媽，我會是什麼樣的心情？

但同一件事可以換許多不同角度來觀看。例如失去母親的孩子的故事中，還有一個角色叫做父親。人們通常以爲大人的療傷能力比孩子好，而忽略了去關注大人。因此我很快地從孩子的角度，再轉移到父親的角度上。

別只用一種角度看事情，以及自顧自地說話，如果你總是把別人當成「樹洞」，如何能建立起雙方的關係？嘗試在各種對話中練習，有一天你會發現換位思考並不困難，你能轉換得越來越快速，越來越自然。

---

*編注：《回家的禮物》是騰訊新聞每年在中國新年春運期間，連續五天，每天十小時的直播節目。二〇一八年我一連五天，跟著不同的火車去採訪火車上回家的人們。二〇一九年是在攝影棚跟不同地方、不同車站跟機場的人連線，然後掌控棚内現場發生的故事。除了春運的直播之外，最重要的是聆聽回家的人心裡的故事，如果可以的話，為他們送上他們最想帶回家的一份禮物。

Chapter

/4/

維持溝通的初衷與開放性

第27堂

在言語中給人鼓勵

記下來

每個人都需要被鼓勵，帶著鼓勵人生走得更長久。

練習看看

1. 閃光點藏在日常生活中。
2. 為小事狂喜。

我非常會在別人的生命中看到閃光點，而且十分熱中於在言談之中給人鼓勵。當我看到別人生命中的閃光點，我會抓出來，再用具體的言語告訴並提醒這些人：請你不要忽略這個閃光點，要繼續堅持下去！

每個人都需要被鼓勵。人們會帶著這些鼓勵在人生中走得更長更久。

這種能力我從年輕時就擁有，經過一點一滴的歷練、一次又一次的工作中，運用得越來越自然純熟。

例如主持藝人的記者會，我會抓住這位藝人的優點，把焦點放在優點上，再大書特書；又例如是介紹某一樣商品，快速找出這樣商品的特點，再用言語傳達給閱聽大眾。

懂得發掘人事物的閃光點之後，你會發現跟人們交流與溝通，變成一件愉快的事。不只是身邊的親朋好友，對於陌生人我也不吝嗇給予鼓勵。對方開心，往往我自己也跟著開心起來。

比方說，一位朋友坐在我面前，不管交情深淺，我發現他今天看起來特別美、特別有精神，我會說：「你今天好像整個人在發光，連身邊的空氣都不一樣了。」這樣一說，對方被鼓勵了，我當下的心情也會跟著美好起來。

在餐廳裡遇到眞心了解自己餐廳特色也爲顧客著想的服務生，坐計程車遇到專業的司機，買東西遇到明白商品特色、對客人也進退得宜的店員，即使是一期一會的陌生人，我也從不吝於表達我對遇見他們的感謝。

發掘別人的閃光點，同時也代表你不是只把對話的焦點放在自己身上，對方會認爲自己被你認眞看待了，而願意與你繼續溝通，建立更進一步的關係。這是因爲對方心裡會這麼認爲：**我喜歡在你面前的我的樣子，你總是能激發出我最好的一面**。

當然在你表達欣賞時，態度的眞誠十分重要，不能把別人沒有的優點說得好像煞有介事，對方也會發現你只是爲了稱讚而稱讚。

總是看到別人缺點的人，這種人活得多痛苦啊！只看得到別人缺點的不快感，一定會迴盪到自己的心裡，因此，總是挑別人毛病的人，通常也不會是個快樂的人。

而不斷挑出他人的缺點，一天你會發現，身邊的親友怎麼離自己越來越遠了？

樂於給人事物鼓勵這件事，從另一種角度看也許是：我是一個很容易爲小事情狂喜的人。

閃光點就藏在日常生活中，我往往會發現它們。

一碗煮得很好吃的白米飯，飛機從頭頂上劃過天際，公園裡某一棵姿態萬千的樹，與某個人對話而忘了時間，收到友人的情意與禮物……我眞心欣賞這些生活中微不足道的小事，它們帶給我源源不絕的狂喜，日子，每天都過得開開心心。

不要把愛局限在狹隘的愛情或親情上，**所謂愛，藏在萬事萬物之中**。眞心地去愛這些被你發掘到的閃光點，你會發現，所有人都開始願意靠近你了。

不需要等待愛，讓自己成為愛的同時，你也得到了愛。

第28堂

思考說話的目的

記下來

這個世界的溝通，都以愛為開頭，以愛為結尾。

練習看看

想一想你之所以溝通，是基於恐懼？還是基於愛？

爲了要達成有效溝通，我想進一步談，**溝通前先思考說話目的**也十分必要。

今天這個說話只是想炒熱氣氛？還是想要引導主題？或是想要得到結論？……每一次的說話必定有個目的，要先意識到這個目的是什麼，盡量避免無意識地說話。

當然有時候與朋友一起閒聊是種很療癒的事，有時候亂聊也能聊出一朵花。但若你希望今天的談話能達到某種「**質量**」、達成特定目標，先想好這一次**溝通的說話目的**，是省略不了的步驟。

假設你想得到的是健康資訊，也許可以先從身邊朋友的健康狀況、或是自己的健康狀況說起。漸漸地，聽你說話的人就會開始投入你的話題中，給你想得到的健康資訊。

有時候，得到的資訊還會超乎你的想像，比預期的更多。

比方說，你想解決胃痛的問題，談著談著你會發現有胃痛問題的人比你以爲的還多，而且每個人都有獨到的治療祕方，甚至他們都曾遇到過治療胃痛的名醫……每個人都有共同經驗，當你有目的性地聊出來後，這些經驗就成爲大家的共識了。

假設今天是朋友來找你，希望你能給他一些支持的力量，你明確知道這次的溝通目的就是「鼓勵」，便以此定調。

以「鼓勵」這個目的爲前提，就必須不時檢視你的說話，別偏離鼓勵太遠。不要說帶有心理暗示的負面詞語，而是在每一句說話中多用肯定的詞語。

例如，不要說「你不貧窮」，而是說「你很富有」。

有時候，對方會帶領你偏離原本定的調，他說出許多負面的話，讓你越聽越生氣，這時候心中難免ＯＳ：「我都說了這麼多鼓勵的話了，你怎麼還這麼負面啊！」

但是你還是不能忘記剛開始坐下來對話時的初衷：**鼓勵**。

如此一來，你就能擺脫對方的影響，時時刻刻記得檢視自己的話語，不要偏離主軸。

你會發現，如果你自始至終都秉持著談話的初衷，朋友離開後會把他的負面情緒全部帶走，但不會留下一絲一毫給你。

再假設現在要決定演講的主軸，你可以先思考：今天這場演講，我想要帶給大家什麼呢？

以我主持粉絲見面會爲例，如果我定調的主題是「感恩」，那麼就找時機好好傳達感恩。何時該感謝台上的藝人，何時該讓台上的藝人感謝台下的粉絲，當「感恩」這個主題在活動中不斷出現時，它就會成爲一個貫穿活動的軸心。

引導性的談話也是同樣的道理。

假設你今天想要教會小朋友「規矩」，那麼不管在小朋友玩遊戲時，或是你在跟他互動時，你先跟小朋友定調說：「今天我們玩的遊戲叫做規矩喔。」

接下來所有的互動都繞著規矩走，直到結束。最後你也要檢視自己：我自己是不是也有遵守一開始定下的規矩呢？

這些年來，我最常提醒自己的**溝通初衷是愛**。

我希望我的溝通，我身邊的溝通，甚至是這個世界的溝通，都以愛為開頭，以愛為結尾。

如何檢測你說出來的話是富有正面能量與愛？

有一個很基本的標準是：你可以檢視裡面有沒有恐懼。

你之所以溝通，是基於恐懼？還是基於愛？

比方說，身爲父母的你想對孩子說讀書的重要性。

你可能會說：如果你現在不讀書，將來你就會無法在這個社會競爭，找不到工作，然後就賺不到錢，流落街頭，落下一個被人瞧不起的悲慘人生。

這裡面充滿了恐懼。

恐懼被這個社會排擠，低人一等，無法得到尊重，沒有經濟優勢。

但是，如果是基於愛，你可能會說：讀書可以擴展你的人生經歷，讓你有更多的眼界，讓你有更多的工具可以跟這個世界接觸，讓你得以有更多美好的體驗。

更進一步，你想讓自己說的話更有說服力時，你自己也身體力行，讓孩子在你身上看到你把自己說的話活出來。讓他明白你是眞心相信這個道理，你也因爲讀書成爲一個更快樂的人。於是你可能甚至都無須言語，孩子在耳濡目染的情況下，自然而然向你學習。

我們常說「勿忘初衷」，或說「貫徹始終」。這在有目的性的溝通過程中必須要抱緊不放，別被人牽著鼻子走偏了路！

療癒時刻

我希望我的溝通，
我身邊的溝通，
甚至是這個世界的溝通，
都以愛為開頭，以愛為結尾。

第29堂

維持溝通的開放性

記下來

在溝通中說真話，因為對方會聽出你的不真心。

練習看看

想一想在溝通中自己扮演的角色。

前一篇〈思考說話的目的〉，我跟大家談到溝通前可以先定調談話的主軸，並且試著在溝通過程中不忘初衷，並不時檢視自己的話語是否偏離了主軸。

這裡我想談談，**除了不忘初衷，同時也給溝通的成果一種開放性**，因爲有時候到最後會聊出主軸之外的新收穫。

比方說，此次談話的主題是聊八卦，最終的收穫是「療癒」，聊八卦的過程不僅療癒了對方也療癒了你自己。

我的朋友常跟我說：「每次我跟妳聊完天都變得好樂觀喔。」有段時間朋友常來找我：「寶儀，我們該聊聊了，我最近有些疑惑。」

每一次跟朋友聊天我都會盡量做到一件事：下次你還會想再見到我。你會記得我帶給你的笑聲、帶給你的正面思考，以及記得我帶給你的快樂。

我會在談話的最後留下餘韻，而這個餘韻便是溝通的開放性成果。在和朋友對談中不偏離主題：爲朋友分憂解惑，並且在最後留下讓彼此回味再三的收穫：朋友感到豁然開朗，自己也感到開心。

這種溝通方式對我來說，就是所謂的「人緣」。

人緣就是你在他人心中的順位排在很前面，甚至一有什麼事，無論好事壞事，他們第一個想分享的人就是你。

對我來說，溝通最忌諱潑別人冷水，但也不是漫無目的地正向鼓勵，而是要在溝通中說眞話，因爲對方聽得出你的不眞心。

說對的話，以及說好的話，十分重要。此外，**要在溝通中挑選適合自己扮演的角色**。以我爲例，如果要我扮演一個溫柔的溝通者，那會像穿錯衣服尺寸一樣讓我覺得很不自在。在了解自己之後，我發現最適合我的角色是幽默的、有正能量的溝通者，給自己的角色定了調，就多多練習，扮演好自己的角色。

也許有人說，我最想扮演的是尖酸刻薄的角色，那也行，但是否能把尖酸刻薄演得更高端大氣上檔次呢？如果把尖酸刻薄演成拚個你死我活，那麼溝通就變得一點也不有趣、也不討喜了。

舉個例子，我有一位說話總是一針見血的朋友，有一天我們在公共場合目睹了旁邊的情侶火熱喇舌的畫面。沒有潤飾過的反應可能會是：「喔好噁，去找個房間吧！」我那位朋友淡淡地說：「哇眞有創意，他在用舌頭幫他女友照胃鏡耶！」我當場大笑出來！損人也可以這麼幽默啊！

潤飾一下自己說出去的話吧，讓對方覺得原來尖酸刻薄的人說話也可以這麼有趣，同時你想傳遞的尖酸刻薄訊息，對方也能確實收到，這也是一種溝通的藝術。

也許又有人說，我這個人說話結巴、大舌頭，又不擅言辭，任何一種溝通者角色應該都無法扮演好吧。其實你可以扮演「腳踏實地的誠懇者」這個角色，說話誠懇的人，誰都能接收到你的訊息。

只要選對適合自己的溝通角色，你就有站上舞台的一天。You are what you say!選擇最像你會說出的話，也就是越認識自己越不容易說錯話，也越容易說好話。

書中的第一章提到認識自己的幾個方法，是我這些年來的領悟，也幫助我找到了更明確的定位。

如果現在的你對於適合自己的溝通角色很疑惑，不妨跟我一樣先走回內心，反覆檢視，你也會懂得在溝通中站在屬於你的絕佳位置。

第30堂

溝通沒有SOP

記下來

每個人的「質地」不同，溝通也就不同。

練習看看

1. 創造話題。
2. 引導話題。

主持公視《藝文大道》時，我大部分訪問的是各領域的藝術家，不是明星。

藝術家通常很少上電視，當他們剛開始坐在我面前時，我往往可以看出來他們的狀態：有點緊張、有點侷促，或是有點不安。

那麼要如何舒緩他們的緊張，打開他們的話匣子，引導他們進入訪談中呢？這時候我會用這種說話方式來暖場：

「有點緊張喔？告訴你，我比你更緊張，因為接下來你要說的話都是你最擅長的事，都是你做了一輩子的事情，而我對這個領域一無所知，所以請你把我當白痴一樣教吧！」

聽了這段話，來賓通常會被我逗得很開心，而且他們會發現：沒錯啊！我對接下來要說的事很有信心，又是我很喜歡的事，那麼我有什麼好緊張的！

當我做完這段暖場後，他們往往會變得沒那麼緊張，而願意敞開心胸跟我談話。

五年時間，與數百位藝術家進行深度訪談，這使我更了解人的「**質地**」。

這些受訪者坐在我面前，對他們來說，跟我說話是必須為之，不能在訪談中隨意起身走人，我的工作就是去引導他們說話。

我發現，同樣一個問題，在**面對不同受訪者身上需要用不同方式切入**。

有的受訪者是我必須先把自己丟進問題裡，甚至要把自己丟到谷底，受訪者才能踩著我往上談。

有的受訪者就算平鋪直敘採訪，他自己也能說出一朵花來。主持人說得太多，反而妨礙了他。

有的受訪者很能把自己丟出來，這時候我也必須把自己不斷丟出來，跟他說我曾經經歷過什麼事，引起他的共鳴。一旦產生共鳴，他便能掏心掏肺地侃侃而談。

有的受訪者則是有備而來，他們只想說自己準備好的話。如果他們只想說A，而我問的是B，他們還是會先把A說完，再來回答我問的B。那麼我便了解這種受訪者不管做任何事，都希望在他計畫之內，他的中心思想不容被偏移。

有的受訪者則是十分隨興，什麼都能跟他聊，遇到這種來賓會非常好玩。

日常中的溝通也是如此，我們不時得創造話題與引導話題，常常會遇到以上各種說話情境，也必須視對方的「質地」來說話。

與主持工作不同的是，日常溝通中的任何一方可以隨時離開，不像節目受訪者必須坐到最後完成受訪的任務。

因此，人與人之間的溝通，對我而言挑戰性更大。

跌跌撞撞學習溝通這麼多年，在這裡分享的是我一路走來的體驗，這些體驗絕對不是SOP，畢竟不只每個溝通對象的質地不一樣，即使是同一個人，今天的他跟昨天的他也會因爲每一個當下的情緒而有所變化。這裡的分享更像是一種觸媒或引發，我更期待你們能在溝通的學習中開出屬於自己的花。

第31堂

回到「我是誰？」

記下來

認識真正的自己，開始懂得取捨想做與不想做的事。

練習看看

1. 問自己：最想做的事。
2. 成為一個所有人都願意靠近自己的人。

入行以來，我花了二十多年時間學習說話與表達。

近年來我漸漸意識到，有些事情我不能再做了，因爲我已經不是原來的我。比方說以前我常常會插科打諢，做一些搞笑、娛樂大家的事，例如不停說笑話，但漸漸地我感覺到，娛樂大家之後我的心反而感到十分空虛，意識到：這似乎不是我想做的事。

如果從工作來看，有些工作做完之後會有一種充實感，自己會感到開心，能夠再三回味；有些工作則像用完一次就丟的免洗筷，做完之後沒有任何餘韻留在心中，那麼我爲什麼要再做這類工作呢？

我想要做可以回收的工作。把工作能量消化完了之後，還能產生別的能量去做別的事情。

以上種種想法的轉變，並不是刻意爲之，而是與我個人的歷程有關。

二〇一〇年到二〇一一年這兩年，是我人生很大的一個轉捩點，也是我人生的低潮期。

這其中打擊我最大的事，是我爺爺在二〇一一年離開了這個世界。

過去的我依照家人的期待而活，考上好大學，工作做得有聲有色，有機會到來就接住，埋頭苦幹，把人生活成一個流水帳。

爺爺尤其以我這個孫女爲榮，他在家總是開心地把我的節目錄影下來，報紙只要刊出我的報導，就會剪下來貼好整理好。

他去世的那一刻讓我看到：我如果無意識地重複過去做的所有事情，完全沒有意義。

那是因爲：已經沒有人眞正在乎我做的任何事了，而我也沒有那麼在乎我做的任何事了。

那麼，我要做給誰看？如果都沒有人要看，又爲什麼要做？

我過去的人生價值徹底崩解。

換個角度來說，我發現我從來沒有認眞建構過屬於我的價值觀。

如果活了三十幾年，我都不是我，那我到底是誰啊？

我跟自己說：等一下，到底哪裡出了問題？我不能再這樣下去了。

爺爺的葬禮一辦完，我先飛去阿姆斯特丹，再去阿拉斯加看極光……能走多遠我就走多遠，工作也停擺了好幾個月。

那時候我的心空了一大塊，找不到可以塡補的東西。

「我是誰？」是空虛的心中最大的疑問。

我把自己打破，再重新修補回來。我問自己：妳最想做的事是什麼？

於是漸漸地，我開始往內看，**去真正認識我自己**，開始懂得取捨想做與不想做的事，找到我有熱情的事，開始學會別人的功課不等於我的功課，而當然，我自己的功課，一旦察覺到了就要立刻去做。

更重要的是，**成為一個所有人都願意靠近自己的人**。

我已經朝這個方向努力，相信你也願意。

第32堂

溝通不是說服

記下來

尊重彼此的獨特性，再一起找出共識，創造雙贏。

練習看看

1. 看看對方的反應。
2. 對方想談什麼事？
3. 對方的興趣是什麼？
4. 對方用的語彙是什麼？

許多人在與他人溝通時，常是在說服別人，但用「說服」來使對方同意你的觀點，你會發現往往無法奏效。

真正好的溝通，是尊重彼此的獨特性，再一起找出共識，創造出雙贏的局面。

爲了《明天之前》紀錄片我做了許多採訪，從中我學到一件事：也許我無法完全認同對方說的話，但是我尊重對方的存在，也尊重對方的價值觀。對方也不必說服我，對方只是告訴我「這個世界原來存在著這種人，而彼此可以相安無事」。

一段又一段訪談，讓我了解世界上有各式各樣的人，只要對他人對世界無害，我們無須去削減每個人的獨特性。

如何得知自己正在「說服」別人呢？從對方的回應就可以得知。如果對方給你的是拒絕的反應，或是對方根本沒有在聽你說話，這就是一個單向的溝通。

好的溝通不是自己先說話。**我會先聽對方說話，從話語中了解：對方在這場溝通中想談的事是什麼**？**對方的興趣是什麼**？**對方用的語彙是什麼**？

舉個能讓各位簡單理解的例子，我在〈聆聽的能力②〉這篇文章談到過，和家人去家族旅行時，我們在車上最常玩的遊戲是詞語接龍。

一起出遊的家人中，年紀大的分別是六十五歲與六十二歲，最小的是八歲，位於中間的我、表妹與表妹夫，則是屬於四十歲這一代。

考量到參與遊戲的成員分屬不同年齡層，我們將規則放寬到只要說出兩個字的詞就行，接龍的詞也可以是同音不同字，但不能用疊字以及詞語最後一個字是「子」，因爲以「子」開頭的詞語實在太少了，這會讓遊戲進入鬼打牆的境地。

那麼，遊戲開始！

在玩這個遊戲的過程中，我觀察到幾個線索：每個人都有自己的慣用詞彙；從詞彙中可以看出每個人關心的領域是什麼；從詞彙中能看出每個人使用語言的深淺；有的人偏向使用悲觀的詞彙，也許能判斷這個人最近過得不是很好；還可以試著把詞彙埋在遊戲中，讓小朋友聽到這個詞，再趁機教小朋友這個詞的意思，讓小朋友在日後懂得運用……等等。

遊戲中，我的表妹夫一度由於想不到可以接龍的詞，情急之下脫口而出：「嗽精！」這個跟「受精」發音相似的詞彙讓所有人都笑翻了，表妹夫只好趕緊跟所有人解釋一番。

我回他說：「你這個『嗽精』眞是讓我們『受驚』也『受寵若驚』了！」

從表妹夫用的詞語，可以得知在日常生活中他需要能止咳化痰的藥品。對我們家來說，詞語接龍是非常好玩的語言遊戲，我們常常一面玩一面笑到肚子痛，同時也是非常棒的一種人際溝通。

語言中埋藏了許多線索。在和別人溝通時，先聆聽對方說話，你可以從中讀取到許多線索——也許對方最近在關心健康議題，或是關心感情，或是關心孩子的教育問題，或是關心工作中遭遇的困難……這些線索可以作爲你在溝通時的切入角度，讓對方與你產生共鳴，並且對於你的話題產生興趣。

因爲對方此時知道：坐在我面前的你，並不只是想講自己的事而已，我的事也包含在你的話題中。

單向的溝通是說服，雙向的溝通才容易達成雙贏共識。先聽再說，你會發現他人越來越樂於與你溝通。

第33堂

當溝通變成吵架

記下來

不管對方說了任何激怒自己的話，你的心裡都告訴自己：這齣戲我不想演了。

練習看看

1. 適時提醒自己「等一下」。
2. 要先有意願溝通，對方才願意溝通。

這篇來談談**不理性的溝通情境**。

前面談到溝通前要先想好目的，如果這一次溝通的目的是「吵架後要和好，修補關係」，你的確在這個主軸上進行溝通，但萬一對方繼續激怒你，這種情形該如何解決？

我曾經用過這個方法，就是在我的怒氣快要脫口而出的時候對自己說：我要辭演這部歹戲拖棚的連續劇！

當雙方火氣已經上來，快要惱羞成怒時，更要阻止自己再說出會使爭吵繼續延續的話，別跟不理性共振。

不管對方說了任何激怒自己的話，你都要在心裡告訴自己：這個戲我眞的不想演了，這些爛台詞也不要再分配給我了。

爭吵不休的戲碼不斷上演，是一部最糟糕的連續劇，就彷彿把自己分配到一個很爛的角色，把自己活成一位潑婦，把人生演到走鐘。

不理智時說出口的話，有時候會讓自己驚訝：我居然會說出這種話……

衝動的話一出口，往往如兩面刃，傷了別人也傷了自己。因爲這是不經思考，反射性說出的話。

比方說，對方就是爲了讓你接B，而說出了A。他知道一旦說A，你百分百會接B。果不其然，你落入了圈套，反射性地說出了B，對方就找到了繼續跟你往下吵的藉口。

此時，最好的解套方法是：等一下。

當對方說出A時，你先告訴自己：暫停一下！這個戲我不接，我國際巨星耶！不上檔次的戲？不好意思，我辭演了！

那麼對方想逼你說出的B，便不會從你口中說出。

「等一下」這三個字可以用在任何地方。在溝通中覺察到「等一下」，會讓你知道接下來接什麼話才是適當的，而不再反射性說話。在生命中發現同樣的戲碼不斷上演的時候，適時提醒自己：「等一下」，怎麼又來了？如果要改變結果，我是不是可以調整自己的思考模式，別讓鬼打牆不斷無意識地上演。

談到這裡我想再提出另一個觀點：**你自己先有溝通意願，才能激發對方的溝通意願，達到溝通最好的質量**。

我想先舉一個比較另類的例子。我的推拿師傅跟我說，他有一位客人有點難按，我問師傅：「為什麼？」

師傅說：「他個性比較固執。」

我說：「我以為只要躺在這張按摩床上，就有被療癒的意願。」

師傅說：「不是每個人的肌肉都願意讓我按，每個人的療癒意願有深淺不同，有的人只想治表面，有的人只是想來證明已經為自己的健康盡力了。有的人則是真心想得到健康，想要回到原廠設定。釋放出的療癒意願越高，得到的治療程度越好。」

這位師傅非常高明，他不只能推拿肌肉、整骨、經脈調理，他還能幫你把藏在身體裡的悲傷與憤怒釋放出來。他總是能順著肌肉，找到最對的點按下去。他也曾經很感動地告訴我，有的客人敞開到讓他能處理很深入的地方。療癒是雙向的，溝通當然也是。

回到文章一開始所說的，這次的溝通主題是「吵架後要和好，修補關係」。溝通是做了，但雙方是不是都在這同一個意願下進行溝通呢？這會影響溝通最後的結果。你發出的意願有多強大，得到的結果就會有多好。

有些人生病去看醫生，並不是真的想把病治好，而是想證明自己的病沒有人能治得好，這些人只是想不斷得到親友的關心，引起別人的注意。因此，去看醫生這件事只是虛應故事、證明自己有盡到力而已。

沒有意願的溝通就是虛應故事。

你可以再深入檢視一下你有多貫徹溝通的意願。有時先開啓溝通的契機，只是爲了向其他人表示自己已經盡力了，但有多盡力，其實只有自己明白。

如果眞的想和好、修補關係，先從你自己有意願開始，去開啓對方的意願。先聽對方有什麼不滿與憤怒，聽對方說完之後，再試著讓雙方和解。否則多做一次溝通，只是給彼此再吵一架的機會罷了。

Chapter

/5/

溝通是不斷變化的有機體

第34堂

溝通是有機體

記下來

溝通是流動的，隨時在變化。

練習看看

1. 用頭腦說話是用邏輯說話，是約定俗成正確的話。
2. 用心說話會散發能量，影響力與真誠度巨大。

溝通是一件非常有趣的事，它是有機的。

這個有機不是organic這種有機，而是dynamic這種不斷變化的有機體。

溝通並沒有ＳＯＰ，更沒有套路，如果我告訴你溝通有步驟１、步驟２、步驟３，就算你按照步驟去做了，還是學不會溝通。

所謂有機，表示溝通是流動的、隨時在變化的。其中「聆聽」是動態中最重要的部分，不管你今天是跟一群人、或是一個人溝通，透過聆聽你可以得知對方目前是開心還是難過，對方來跟你溝通的目的，以及對方想跟你聊什麼。

溝通甚至可能會受天氣狀況而影響。

今天下雨了，因此人也跟著憂鬱了，對方怎麼聊都很悲觀。

今天出了個大太陽，那什麼也不用聊，就一起去戶外踩草地吧，這就是最好的溝通。而當你跟朋友一起赤腳踩過草地，往後往往能無話不談，這就是彼此產生了交情。

溝通更有可能會受社會氛圍影響。

不管是選舉、社會事件、公眾人物新聞……透過討論時事，你也能知道彼此的價值觀。比方說有的人就是義憤填膺，對社會案件的加害者深惡痛絕；有的人則懂得換位思考，是否加害者本身過去也曾是受害者呢？

關於溝通是有機體，我再更深入舉個例子。

我主持騰訊的春運直播節目兩年了，二〇一八年製作單位安排我在火車裡和返鄉的民眾不斷聊天，二〇一九年則在攝影棚內進行直播，隨時與各地的記者連線。攝影棚裡除了我，每集會邀請來賓來現場，有網紅也有明星，而每一天都邀請目前當紅的火箭少女101其中一位成員來當嘉賓。

節目第三天，來到現場的是火箭少女中的小七賴美雲。個子嬌小的她，笑起來十分甜美，常常說話說到一半自己先笑了起來，是個努力帶給大家快樂能量的可愛女孩。

剛開始我對小七的印象是她也太搞笑了，但就在做完一次連線後，我發現了小七的另一面。

這次連線的觀眾想要感謝她二十八年前在農村讀書時的校長。當年大家的生活條件都不好，有時候半夜實在太餓，她會跟幾位同學跑去校長家偷鹹鴨蛋吃。後來她回想起來，覺得校長和師母應該是故意不鎖門，桌上總是留一、兩盤菜，讓每天都吃不飽的孩子們能填飽肚子。

於是我問小七有沒有想感謝的老師，她說：「小時候不懂事，覺得上歌唱課很煩不想去，但媽媽還是帶我去老師家了。老師對我說『妳就來上課，就算沒繳學費也沒關係。妳很有唱歌的天賦，我希望妳能繼續來。』」

由於老師這番話，小七打消了放棄唱歌的念頭，後來進入深圳的合唱團唱了很多年，如果沒有進合唱團，現在可能也不會成爲火箭少女的一員。

當小七說這些話時，還是繼續散發她的快樂能量。但我感受到了些什麼，於是跟小七說：

「小七，給妳一個機會，對著鏡頭跟老師說聲謝謝吧。」

她看著鏡頭那當下的眼神，我知道，有事情要發生了。

小七回到了她小時候的狀態，她說：「王老師，已經很多年沒有聯繫，然後……」接著她開始掉眼淚，一邊哭一邊說：「我是美雲，不知道我畢業之後您有沒有從其他老師那裡聽到我的消息。我能夠在很迷惘的時期找到唱歌這個興趣，並且認定它而一直堅持下去，要謝謝您給我的鼓勵。」

與她先前的搞笑有很大的落差，這番話，感動了現場與同步收看直播的所有人。

這是用頭腦說話與用心說話的差別。用頭腦說話是用邏輯說話，說出父母教你的話，或是社會約定俗成的正確的話，那是套路；而用心說話時，它所散發出來的能量、影響力與眞誠度之巨大，與用頭腦說話截然不同。

因此，人的本身也是種有機體啊！時時刻刻在變化。

我常跟朋友說：「不要隨便評斷一個人好不好相處，因爲他跟他喜歡的人在一起很好相處，他只是不想跟你相處而已。」

就算跟同一個人對話，也沒有一次對話會是重複的，這也是有機！

每一個人都有不同的面向，不要被自己先入爲主的既定印象框住，隨時覺察當下情緒與能量的變化，順著流走，會發現你以前從來不曾看過的風景。

療癒時刻

用心說話時，它所散發出來的能量、影響力與真誠度之巨大，與用頭腦說話截然不同。

第35堂

一定要用說的嗎？

記下來

如果當下無法改變，請先改變自己。

練習看看

試試甘地的「非暴力不合作運動」。

當雙方在某一個點上有不同意見時，需要用溝通來化解這個歧異。

而有時候，這個溝通不一定要透過言語才能進行，用行爲來取代語言，反而能避免爭辯，並且能達到解決問題的效果，我稱之爲：溝通不一定要用說的。

在此舉一個我的切身之例。

我的男友抽菸，但我不喜歡吸二手菸，身體會覺得不舒服。

他在抽菸時，有時候我會盯著他看，他會說：「怎麼啦，又有什麼事要我改進，看我哪裡不順眼啊？」

這時候我心裡會想：天啊，我給他壓力了。

當然男友是用戲謔的方式跟我說話，並不是眞的在責怪我，但我會反省自己，是不是常常在無意間說出挑剔的話呢？

我的男友是不能被強迫的人，要他改變某個行爲，必須是他主動想去做才行。

如果我跟他說：我覺得你應該這樣做，他通常會回我：爲什麼我要這樣做？我們不都是自由的個體嗎？

但我又不願意因爲尊重他的意願而犧牲我的健康，在我的認知裡，愛只有尊重，沒有犧牲。我不想每次看到他在抽菸時，就想到我正在犧牲。這對兩個人的感情是多大的耗損啊！

而這些年的學習我也明白，「上癮」其實有很多成因，直接要他戒菸而沒有處理深層的問題，其實上癮這件事會反覆出現。因此我知道，如果我不想再吸二手菸，我不能直接跟他說：戒菸吧！或我不想再吸二手菸了。而是需要用別的方法來讓他知道我的感受。**如果當下無法改變他，那先改變我自己**。

思考了一段時間後，我決定要採用甘地的「非暴力不合作運動」。

當男友在家裡抽菸時，我就會默默地站起來，走到另一個空間去。

比方說，當他在客廳點了一根菸，我就會走去廁所，或去臥室，或是我去收一下曬好的衣服，或是去廚房倒杯水。

只要他抽菸，我就不跟他處在同一個空間裡。

這「非暴力不合作運動」，實行不到一個月，有一天男友突然跟我說：

「我決定了，我以後抽菸都去陽台抽。」

這一刻，我突然有種二十四孝「孝感動天」的感覺，差點熱淚盈眶。

有時候，**無聲的溝通反而比把話填滿有力量**。話語的溝通也許更直接，但話語中可能伴隨著強迫以及負面的情緒在裡頭。因此我選擇默默做，我無法預期男友能理解我多少，直到現在我都沒跟他說，我用的是甘地的方法，但他理解了，而且願意主動改變行爲。

也許男友意識到的是：當我抽菸時，我就是只能一個人，身旁不會有人陪伴，沒有人能跟我聊天。

接著再意識到：如果我只能一個人，那麼爲什麼我不去適合一個人的地方抽菸？

我從曾經失敗的溝通中學習到有效的溝通，而有效的溝通永遠是別人聽得進去的溝通。

能讓人聽得進去的溝通不見得只能用言語，也可以是某種行動，但這並不是立竿見影的溝通，而是循序漸進、潛移默化的方法，你必須有耐心地等到改變發生的那一瞬間。

第36堂

細節

記下來

溝通的過程要不斷檢視細節。

練習看看

1. 為什麼不夠明白對方說的話？
2. 是否過於自我中心？
3. 我是否能聽出對方比我更寬廣的世界觀？

從自己有興趣的事物學說話，在這本書已談了不少。在這裡我想再跟各位進一步分享我**從「閱讀」這個興趣中，學到它對說話能帶來更深層的幫助**。

閱讀多的頭號好處，是與他人談話的話題會變得更多。

也許你會說看電視節目、看新聞也可以有聊天話題，但常常透過電視我們得到的可能是表面的資訊，如果是閱讀一本小說、或是一本人文科普類的書籍，透過作者的各種層面的剖析，你能夠更深入了解一個事件或主題，而這些剖析，便是提供給你與人交談時，各種切入話題的角度。

比方說閱讀一本推理小說，小說中的案件關係人不會只有一位，有加害人、被害人、被害人家屬、媒體、被害人的朋友或同儕、偵辦人員……同一個案件，作者會透過各個角色的不同視角去鋪陳整個故事。因此不同於電視新聞報導只以短短五分鐘、流於表面、不帶情感地報導案件，小說是縝密的分析，更帶有人性面的情感。

因此，在閱讀故事的同時，你會跟著書中人物的際遇或悲或喜，理解人物的各種不同遭遇與處境，也帶給你同理他人的體驗。

每閱讀一次就是練習一次同理心，久而久之，在與人交談時，你不會總是站在自己的角度，而是更容易站在對方的處境來看待事情——如果我是他，他心裡在乎什麼呢？是金錢？是面子？還是情感上的支持？

自己能活的人生很有限，閱讀能得到許多經歷不到的人生體驗。因此**閱讀得越多，就越容易理解他人的處境。越理解他人的處境，聆聽會隨之變得更有效率。**

也許你曾有過經驗：明明我很努力張開耳朵聽對方說話，每個字我都聽得懂，但怎麼樣就是聽不懂對方的意思。

這是因爲：你無法理解對方話中的眞正含義。

如果你的閱讀經驗夠多，你就會知道也許對方說這段話是在傳達他的恐懼，即使對方沒有說出恐懼兩個字。或者是對方話語中帶著擔心，只是沒有用直接的方式說出口。

這便是對文字的理解能力，理解力越高，越聽得出藏在話語背後的意義。理解力是溝通中很重要的一環，而多閱讀能加強這個能力。

我喜歡閱讀，是因爲我很愛「學習」這件事。**「溝通」就是非常需要學習的一門課，**而且溝通的學習是永無止境的，就像閱讀絕對沒有讀過一百本書、一千本書就夠了這回事。學得越久，會發現要懂的事情還有更多。

在學習溝通的過程中，我們要不斷檢視細節：我爲什麼不夠明白對方說的話？我是否漏聽了什麼？是否我過於自我中心？我是否能聽出對方比我更寬廣的世界觀？……

每個作家都有他獨到的文字世界與善惡觀，這些往往也隱身在文字背後，等待讀者去發掘。你可以從閱讀中去分辨自己的喜好，以我爲例，帶有惡意的作者會讓我不舒服，這樣的作者的書我便不再碰。我喜歡帶著溫暖與愛、能得到情感上支持的作品。

就跟閱讀一本書一樣，認識一個人也需要從他的話語中，慢慢去深究、去品味。因爲，認識一個人跟閱讀一本書同樣有細節，這是我在閱讀中得到的樂趣，也是我的人生歷練所帶來的領悟。

第37堂

把五感打開

記下來

如果你的心是緊閉的，你的身體也會是緊閉的。

練習看看

視覺、聽覺、嗅覺、味覺與觸覺，都用來聆聽，開啟溝通。

生命中的許多功課，教會我溝通。

對我來說，人的五感都需要在溝通時同時開放。

用眼睛觀察是一種聆聽，用鼻子聞也是一種聆聽。比方說有的人經過你身邊，傳來濃濃的中藥味，你可以由此判斷，這個人最近可能身體不舒服。如果是一身奶味，那麼這個人可能有小孩，小孩也許剛剛才吐奶在這個人的身上。

因此，溝通不是只有說話這麼簡單。

溝通其實是在聆聽對方的能量。

這裡所謂的能量不是氣功在談的那種能量，而是**情感的能量**。

例如有個人坐在你面前，身上正散發強烈怨念，他一句抱怨也沒對你說，但透過五感來觀察對方，也許你會發現他的臉是垮下來，眼角與嘴角也是往下垂的，因而得知這個人的整個狀態是低落的。

另一個人則嘴角總是不經意地上揚，像是在微笑，你便能判斷這個人是處於心情上揚的狀態。

人的五感是哪些呢？視覺、聽覺、嗅覺、味覺與觸覺。練習用這五感來聆聽，並且開啓溝通。五感的發達程度每個人都不同，有的人也許較善於觀察，有的人也許較善於傾聽，有的人則是嗅覺與味覺特別靈敏，強項不分高低、哪種都好，用自己最擅長的感覺來聆聽對方就可以。

比方說，你聞到對方身上有蒜味，就可以先試著以此開啓話題：「你剛剛吃了水餃喔？」

也許雙方的話匣子就因此而打開了——哪裡的水餃最好吃？吃水餃一定要配蒜頭嗎？是整顆蒜配水餃還是要把蒜切碎了才好吃？……

從對方有興趣的事物來開啓溝通，能讓對方放下不自在感，放鬆心情跟你聊天。

再進一步針對身上的味道分析，噴在身上的香水是花香系還是果香系？身上有寵物的味道，養貓還是養狗？身上有嬰兒的奶味？……透過嗅覺能夠感知到許多線索，這些線索能幫助你描繪出一個人的生活樣貌。

五感中較需要拿捏適當距離的是「觸覺」。

有些人不喜歡別人的碰觸，有些人則會在善意的碰觸後鬆懈下來。此外，說話時，人與人之間保持恰當的距離也十分重要。

有禮貌的距離、可以再拉近彼此關係的距離、老死不相往來的距離……距離的拿捏很微妙也不容易，但在溝通中有時候卻扮演關鍵性角色。

有的人說話喜歡靠人靠得很近，近到口水還會以直線噴到別人的臉上，這種就是不會拿捏距離、讓別人感到不舒服的人。

人與人一開始接觸，先保持有禮貌的距離，再慢慢一點一點拉近距離較好。

至於碰觸的尺度拿捏，千萬不要去碰他人身上不該碰的地方。例如有的男生喜歡做出捏捏別人的手、捏捏別人的腿、碰碰肩膀等動作，彷彿以大哥自居，但抱歉，你跟人家沒那麼熟。

女生為了保護自己也要留意碰觸的分際，尤其對於異性容易造成誤會，帶來不必要的困擾，除非妳是有意這麼做，那又另當別論了。

此外，當你跟他人有身體上的觸碰時，還可以感受到對方的情緒是打開的還是關閉的。

比方說我主持騰訊的春運節目《回家的禮物》時，我們幫一位有憂鬱症的女孩圓夢。

曾有自殺意圖好幾次的她，幸好有母親支撐她走過那段灰暗歲月。這個女孩想放個幾天假去散散心，想去天安門廣場看升旗，於是製作單位安排她從西安坐火車到北京。

記者在西安車站訪問她，再送她上火車。訪問中我突發奇想，想說既然來北京是爲了擴充自己的體驗，不知道她願不願意來攝影棚體驗一下直播的感覺呢？沒想到隔天她眞的出現了。

當天大家見到這女孩後，都給了她相當大的溫暖與鼓勵，當她要離開節目現場時，我說：「來，寶儀姐給妳一個大大的擁抱。」

就在我擁抱她時，我很清楚地感覺到一件事：這個女孩還沒準備好敞開面對這個世界，這條辛苦的路，她還在路上。

因爲當我與她擁抱時，我感受到，她對熱情與敞開還是有段距離。

不管是握手還是擁抱這些基本的身體接觸，都能大概評斷對方的狀態。例如握手時，有的人只是伸出手但沒有握的動作，只是被動地讓對方握住自己鬆垮的手；有的人則是意思意思輕輕握一下，有些人則是非常擅長在初次見面的時候，用有力的握手讓對方感受到熱情。從以上這些地方都能看出握手的眞誠程度。

身體與心靈是互相連通的。如果你的心是緊閉的，你的身體也會是緊閉的。有的人說話時把雙臂交叉在胸前，表示他不想跟對方溝通。有的人與人交談時總是敞開身體，表示他是很樂於跟他人交流的人。

回到我擁抱憂鬱症女孩的那一刻，我感受到這個訊息：她心裡的傷還沒有好，可能還需要一些時間。

於是我跟採訪過她的記者說：「這女孩還有好長的一段路要走。希望這次的緣分能成爲她感受這個世界善意的契機。」

農夫在田裡待久了，就知道自己該觀察到哪些面向才能讓農作物長得好。溝通也是如此，張開所有的感官，在每一個當下練習用五感觀察，久而久之就會內化成爲你的能力，更懂得在溝通時聆聽到應該要特別注意的線索，並且能夠有機地運用這些線索。甚至，你能擁有確實讀取到對方能量的能力。

日後，憑著經驗與直覺便能判斷最適合切入話題的角度，而能勾起對方與你進一步溝通的意願。

第38堂

適時鼓勵，連續溝通

記下來

對談話內容有反應，會讓人想說得更多、更精采。

練習看看

1.「對！沒錯。」
2.「你剛剛說的，讓我想到……」
3.非必要時不要打開別人潘朵拉的盒子。

跟什麼樣的人談話，會讓你想聊個不停、下一次還想繼續跟他碰面呢？通常對你的談話內容很有反應的人，會讓你想跟對方說得更多、說得更精采吧。因此，**在溝通中懂得向對方適時鼓勵也是關鍵**。

舉例來說，當對方說完一段話，你回應：「對，說得沒錯！」那麼對方就會願意再說多一點。

或是聽到對方說到某個自己有興趣的亮點，便承接他的話，再把自己想分享的話說出來。例如：「你剛剛說的這個，讓我想到……」對方心裡會覺得：你真的有在聽我說話，而且認同我的話耶。

相反地，如果對方說了A，你卻硬要說B，對方會覺得：你根本沒在聽我說話嘛！我何必繼續坐在這裡浪費時間？

更進一步地，你可以在言語中點出你究竟聽懂了對方的話多少。只是懂得皮毛像鸚鵡一樣重複對方的話呢？還是不只能聽出冰山的一角，連水面下那看不見的巨大冰山都能心領神會呢？

你能懂得多寬廣，對方就能回應你多寬廣。而寬廣的程度，來自於你透過聆聽、閱讀、旅行、工作、運動、發展興趣……所得到的各種體驗。

一來一往，這就是一種**連續性溝通**，也是**丟接球的能力**。

關於「適時鼓勵，連續溝通」，現在的我，正在學習另一種層面的丟接球。

那就是——我是否漏接了別人丟出的求救訊號？

例如有交情的朋友久未見面，通常約時間見面吃飯是想確認一下彼此的狀況是否無恙，但朋友卻臨時取消約定，並且說：「我們先不要見面。」

這種情況有兩種選項——一種是尊重對方的選擇，朋友總有見面的一天，什麼也不要問；另一種則是警覺到，對方是約十次會來九次的人，這一次他是否有什麼狀況呢？是否該主動開口問：你怎麼了？還好嗎？

以我的經驗，當對方沒有主動開口求救時，通常自己不要雞婆地說「我可以來救你」，才是比較恰當的處理方式。因爲以拯救者自居，從另一個角度來看是覺得自己比對方優越。而當對方還沒有準備好去面對問題時，何必強壓著對方的頭去面對自己。

但假設對方其實需要有人引導，身爲朋友的自己是否應該多問一句：你還好嗎？

這兩種選項往往會讓人感到進退兩難，而往往是退後一步比前進一步更難。

如果是你，會怎麼選擇？

在這裡提供給你我的兩個拿捏準則。

第一，你與對方的交情是否好到你願意承擔求救訊號？

一旦承擔就是有了責任，就像潘朵拉的盒子一旦打開，隨之而來的考驗你必須承擔，無法中途撒手不管。因此如果彼此交情不夠，不要做爛好人。

第二，你有沒有能力承擔對方的求救訊號？

沒有能力卻又打開對方的潘朵拉的盒子，非常不負責任。有的人打開潘朵拉的盒子，甚至只是想炫耀「我知道很多人的祕密」，並且四處去說嘴。

還有一種可能，是以為自己有能力承擔，但打開盒子之後才發現自己能力不足，只好硬著頭皮承接。

因此，以「交情」與「能力」審愼評估選擇哪一邊才是正確的，通常八九不離十。

第39堂

沒有解方，不要任意評斷

記下來

如果你批評的出發點不是為了對方更好，就不要任意說出批評的話。

練習看看

1. 比起給建議，不如幫助對方找到改變的方向。
2. 你讓自己先變好，先變快樂起來。

有一天我在網路上看到一篇很有意思的新聞，內容在說同樣是對餐廳做評論，台灣人比較喜歡做情緒性的短評論，比方說：爛死了、服務很差，而日本人只要留言就是長篇大論。同樣在寫服務很差，日本人還會在批評的後面寫：從哪些地方判斷這家餐廳的服務不好，餐廳的哪一個環節出了問題，可以怎麼改進……等等。

光從留言就可以看出日本之所以能持續進步的原因：**針對某個人或某件事提出建議，是因為希望對方能變得更好，而不只是以批評發洩完情緒就算了。**

我有一個做電影配樂的日本朋友，有次跟他一起吃飯，聊著聊著他說：

「基本上我不會任意說出某家餐廳不好吃這種話，除非我吃了超過三次。吃過三次之後，我確定這家的餐點是不好吃的之後，我才會跟店家開口，提供給這家餐廳改進的建議，並且還會再繼續光顧。但如果我決定不再來這家餐廳，就一句建議的話也不會說。」

不再去某家餐廳，表示你想與那家餐廳斷了關聯。會想提出建議，通常是因爲你還會想再去，希望這家餐廳變得更好。

因此我想對你說：如果你批評的出發點不是爲了讓對方更好，表示你與這件事或人沒有任何關聯，就不要任意說出批評的話。

在前面〈思考說話的目的〉這篇文章中，我談到說話的「初衷」這件事。開口說話前，可以先想想說這些話的目的是想要別人更好呢，還是希望別人不要給你添麻煩？如果能分辨得清楚，說出來的話也更有說服力。

例如父母在管教孩子時，對孩子說：「不可以。」這句「不可以」到底是爲了孩子好，還是不希望孩子給自己帶來麻煩呢？如果做父母的能夠分辨出這兩者的差別，就會知道孩子之所以不聽話的原因。

如果這句「不可以」是眞心爲了孩子好，小孩自然而然會明白這是爸媽的苦心，不做某件事眞的會對自己有幫助。

相反地，不讓孩子做某件事如果只是父母想省事，有的孩子也許會繼續我行我素，有的孩子也許因爲不想給父母添麻煩而勉強聽從，但彼此的關係卻會漸行漸遠。

這裡面包含著一種分辨的智慧在於，對於你來說不見得好的事，對孩子來說可能是不可或缺的人生體驗。每個人都有自己該完成的人生功課，只用一句「我是爲你好」來帶過有時難免流於自我中心。我們必須尊重每個人自己選擇的功課，有時我們能做的，是提醒（注意！是提醒不是恐嚇）他這個功課可能會帶來的後果。幫他把自己該做的功課做了，很像是當年我暑假作業寫不完，求我爺爺幫我寫毛筆作業。功課是交了，但我的字也失去變好的機會了。

此外關於「給建議」這件事，在給某件事或某個人建議之前要先思考：如果自己的建議是希望對方變得更好，那麼自己憑什麼希望對方好？想讓對方變得更好的意念，是爲了對方、爲了你自己、還是爲了這個社會？而爲什麼你要幫對方做這個改變的決定？

給人建議通常有高人一等的感覺。我坦承過去的我很愛給人建議，但思考了給人建議到底目的爲何之後，現在的我試著不隨意給人建議。

給人建議的背後帶著幾種含義，其中一種可能是：我過得比你更好；我比你更容易看到問題所在；我希望你改變。

但問題是，有的人就是不想改變，有的人就是要先嘗到苦頭，才懂得什麼是甘甜。因此現在的我會試著尊重對方的選擇，除非對方有改善的意願，否則我不會給建議。

不管是朋友、親子或伴侶，都不要口口聲聲說：我是為你好。

我喜歡舉這個例子：當別人只跟你要黑咖啡時，不要自作聰明跟他說我覺得拿鐵比較好喝，然後自顧自附上牛奶與砂糖。這是因爲，對方在那當下不一定需要奶跟糖。自以爲是的善意常會傷害別人。眞心想要對方變好，比起給建議，不如幫助對方找到改變的方向；比起對別人說「我覺得這樣比較好、比較快樂」，不如你讓自己先變好、先變快樂起來。

當別人看到這樣的你，自然會主動靠過來問：「爲什麼你看起來這麼快樂？能不能告訴我快樂的祕訣？」

這樣的互動，對方不覺得被看輕，而你自己也做出了實質貢獻，皆大歡喜。

我從小就很容易爲別人感到著急，那是一種恨鐵不成鋼的心，因此從小就很愛對人說教，說教對象不限小孩，往往是大人。

但經過這二十多年的人生歷練後，現在我領悟出一個道理——人家沒有問就不要說。我在學習不說教。

這是因爲我意識到：不是每個人都愛聽說教。

聽到說教，有些人心中的OS是：這個人也太愛管閒事了吧。

現在我知道對這些人來說，在時機到來之前，我多說也無用。因此人家沒有問，就不要說。

過去的我，會無意識地對人說教，當我看到某個朋友或親人身上的破綻時，我很難忍住不說教，我會有種所謂「恨鐵不成鋼」的心情，但是我沒有意識到，不是每個人都要成鋼的，做一塊美麗的鐵到底是礙著我什麼了？爲什麼一定要照著我認爲對的方向走才叫對？

人家沒有問，表示他現在沒有改變的需求。不要以為自己有多厲害，你自以為的厲害，對別人來說可能是阻礙。

現在的我，如果意識到我想對人說教，是因爲想顯示自己比別人聰明，或是看得比別人更清楚，那麼我會停止說話。

這表示：我不是站在別人的角度，眞心爲別人著想。

當我覺察到這一點時，我想要脫離這個習慣。

第40堂

不知道說什麼，就先別說

記下來

當你無意識與無用做得多了，無意識與無用就會成為你的習慣。

練習看看

話不好，不說。不知道該如何表達，也寧願不說。

沉默有時候不等於示弱，而是給自己留餘地的好方法。

我想不少人有這樣的經驗，被人問到自己回答不出來或不是太懂的問題時，硬著頭皮天花亂墜回答，結果反而被對方的回馬槍打成滿頭包。

當你連自己都不知道在說什麼時，對方很容易聽出來你沒有料。

選擇不回答或乾脆說不知道，表明自己想準備好了再說話，別人還會給你一次機會。一旦胡亂說出口，你從此就會被歸類到：這個人言過其實，是個草包。

另外還有一種人喜歡虛張聲勢。這種人會跟身邊的人強調自己有多麼見多識廣，但相處不出三天，他很快就會被看破手腳，就算只有一件事是他瞎掰出來的見識，其他的體驗都是貨眞價實，但那件瞎掰的事會被無限放大，連同之前貨眞價實的事都被打折扣。

從此之後這種人的臉上會被蓋下一個印記：這個人說話不實在，不可靠。

一旦被貼了標籤，就很難翻轉他人的印象。

由於喜愛炫耀或虛張聲勢的人不少，使得這個世界充斥著許多無用、斷章取義的話語，它們從網路、電視與報紙新聞、臉書ＩＧ等各種社群、手機訊息……四面八方來到你面前，強迫你去看去接受去相信。

我們每天會花許多時間看這些無用的話語，但對自己沒有任何幫助，甚至，看多了這些無用話語，使得你自己也說出這樣的話。

盡量不要看無用的話語，也不做無用與無意識的聊天。

當你無意識與無用做得多了，無意識和無用就會成爲你的習慣。

如何判斷一件事無意識而且無用？比方說花了很長時間聊天，但聊完之後什麼訊息也沒有留在腦中。或者讀完一篇謾罵的留言，但完全看不出來謾罵者背後的中心思想或立足點。

習慣無意識地說話與說無用的話，你就會成為無意識與無用的人。

這種人會出現以下說話模式，例如說：我不喜歡這個東西。或是說：這個東西好爛。但如果進一步問他爲什麼不喜歡、爲什麼覺得爛，他會說：不知道耶，我也說不上來爲什麼……

這就是習慣無意識說話的遺毒，無法思考自己說這句話的目的，找不到做出判斷的根源。而這種無意識，最容易讓人時常說出挑剔的話語而不自知。

當然如果是有交情的朋友，花時間閒聊是必要的相處，這樣的聊天有時是種放空。只是提醒大家，無意識的聊天應該適可而止。

話不好，不說。不知道該如何正確表達時，也寧願不說。

再一次強調說話應該要達成雙贏，時時檢視自己說話的目的，讓好話在你我之間交流。

第41堂

不完美，也要往前走

記下來

只有往前走，才能夠在某一天找到過去挫折的解決方法。

練習看看

珍惜所有人的真心，多說一些安慰的話。

做主持工作並不是只有成功，我也有過挫折的經驗，而這次挫折帶給我寶貴的體會。有一年我主持一場音樂頒獎典禮，這場典禮的主秀是ＥＸＯ。主辦單位是音樂串流網站，典禮在網路上除了直播之外還有即時投票機制。當時ＥＸＯ是人氣最高的團體，當然是最高票的大熱門。一直到節目中段，ＥＸＯ的得票都遙遙領先所有藝人，可是在典禮最後五分鐘公布票數時，突然被一個大陸新人女子團體大逆轉！

當時所有人都傻眼了，包括我在內。

由於是直播節目，當下我必須要做一個非常立即的決定，而這個決定直到現在我都覺得自己沒有做好。

我是主持人，不能當場翻臉質疑這個音樂頒獎典禮的公正性，我要尊重活動的主辦單位，絕對不可能說：「這是怎麼回事，有沒有搞錯！」

而得知投票結果後，那個女子團體已經走上台，準備要領獎了，台下一片噓聲。當時站在主持台的我只好緩頰說：「ＥＸＯ的成員也在台下拍手，他們眞是很有風度的藝人。」

當天晚上我在網上被罵慘了！有粉絲說：「主持人好爛！」「可不可以不要再找她主持了！」攻擊性的字眼此起彼落……我受到極大的挫折。

當時我不知道該如何處理這種情況，直到一位粉絲的母親在我的臉書粉絲專頁留了私訊給我。

她寫：「我知道這件事不是妳的錯。當天晚上我和女兒在家裡看網路直播，陪著女兒透過網路投票。整個晚上我看著她非常熱切地投票給喜愛的明星，而最後卻是這樣的一個反轉結果，身爲媽媽的我，不知道怎麼跟女兒解釋這個社會到底是怎麼一回事。」

這位媽媽給我的這段話，把我給打醒了。

我這才意識到，當時看似完成了頒獎典禮，但是我少做了一件事——安撫ＥＸＯ粉絲的心。

如果那時我對粉絲多說一些安慰的話，網路聲浪也許不會有這麼大的反撲。

這麼做並不是爲了希望少一點人罵我，而是我應該更珍惜所有人的眞心。

大家是眞的都受傷了啊！

我檢討自己：我的確沒做好，我能力不足。

這是一道巨大的難題。我無法跟粉絲解釋爲什麼票數會被逆轉，因此再怎麼安撫粉絲也許都無用。

如果這難題今天再來一次，以我目前的能力，也沒有把握能完全做到好。

身為主持人，我的工作是要調節能量，賓主盡歡。

過去主持人只要面對主辦單位、來賓與台下的觀眾即可，現在則還要面對那看不見的千千萬萬個網友，必須顧及的面向更廣——也就是必須把「體貼的心」推己及人。

此外，要有放下的勇氣。當溝通結果未盡完美的時候，檢討之後放下，就繼續往前走吧。

只有往前走，才能夠在某一天找到過去挫折的最佳解決方法。

第42堂

溝通這一課，家人可以缺席嗎？

記下來

讓自己成為愛，需要愛的人會自己主動來靠近你。

練習看看

1. 不要被小說、電影或影集隨時擁抱說愛迷惑，家人關係有各種可能形式。
2. 讓愛流動，就是最好的溝通。

這個主題我想會讓許多人心頭一震。有時候最困難的溝通，也許就發生在家人之中。我們有選擇朋友的自由，而家人是與生俱來的，但是我們能不能選擇不與家人溝通？

我男友的弟弟幾年前曾經有酗酒的問題，情況時好時壞，讓男友很困擾。

有一回我跟男友回他的家鄉高雄，坐上高鐵後，男友對我說：「我現在心情有點浮動，不知道這次回去要如何面對弟弟。」

我問男友：「你有特別想對他說的話嗎？你有想改變他什麼嗎？你爲什麼要改變別人？改變別人到底是爲了誰好？如果他就是想要這樣過日子，那又有什麼關係？你到底是爲了誰在生氣？有誰礙著你了嗎？這個眞的是你非解決不可的問題嗎？」

我丟出了這些問題給男友。

男友思考了一陣子，對我說：「其實沒有誰礙著誰，我爲什麼一定要讓他活出我認爲對的樣子，才叫對？」

於是我們回高雄這一趟，變得沒有非得確定的事、非得說服的事、非得改變的事，變得輕輕鬆鬆。

想要改變家人，你有辦法負起在家人身邊二十四小時盯著的責任嗎？其實該對人生負責的，是家人自己。

到底要跟家人溝通到什麼程度才叫最好的溝通？

比方說，家人找病來生，是想證明自己的存在，意圖引起其他人的關注，那麼就尊重家人的決定；如果家人不知道怎麼樣才能讓自己更健康，那麼就幫家人把功課做好，不管是中醫西醫或是自然療法，讓家人自己選擇他相信的，提供方案就好，其他不需要多想。

每個人都有各自的人生，如果我想得到尊重，那我就得先尊重他人。

弄清楚自己最在乎的到底是哪個環節，並且「尊重」彼此是獨立的個體是最重要的前提。

不要被小說、電影或影集中隨時擁抱互說愛的家庭劇所迷惑，並不是非得情感交融才是家人，有的家人就是緣分比較淡，不需要勉強說愛。

你可以說：「感謝我們有緣成爲家人，我祝福你，我希望你好好的，活出自己眞正想要的樣子。」

如果家人想要疏離，就不要強迫他回應愛。

如果你希望家人愛你，就先說你愛他。

我從小就沒有跟父親同住，小時候，「爸爸」這個名詞對我來說，代表的就是最熟悉的陌生人。上中學的時候，我覺得這樣下去好像不是辦法，我不想只是從電視報紙上認識我爸，我也希望他多了解我。我決定寫信給他。

也沒有什麼特定目的，就是寫些家裡的瑣事啊，學校發生的事啊，訴說一下最近的心情啊，基本上一到兩個禮拜就一封，這樣一寫，寫了高中三年。

他一封信都沒回過。

我知道他很忙，所以基本上也沒怪他。但我知道他有看。

通常我信的開頭都會寫：Dearest 阿爸，末尾署名都是：最愛你的女兒寶儀。

一直到有一次，忘記是生活中發生什麼事，讓我在寫那封信的時候情緒低落甚至有點火大，所以開頭我只寫了「爸」，署名只寫了「寶儀」，沒想到一個禮拜後竟然接到我爸的電話，原來是他看了信，察覺到我有點不對勁，所以打個電話來確認一下。

沒想到反而是我確認了：他眞的有看啊！哈哈！

所以第二天馬上又補了一封「Dearest 阿爸，最愛你的女兒上」的信。

其實他沒有回信我並沒有太挫折，因爲我只想讓他多了解我，只要達到這個目的就好了。但這些信補強了我們之間的「交情」，是的，**親情也需要交情，你願意花多少時間就會有多少交情**。這些交情成了我們父女感情在血緣之外的基礎，以至於長大後，我們與其說像父女更像朋友。

這些年我更加明白了這個道理：讓自己成爲愛，需要愛的人會自己主動來靠近你。因爲他們會好奇：你爲什麼看起來那麼滋潤？用什麼方法才能變得這麼滋潤？爲什麼你的世界這麼美好？

「跟你在一起讓我很有被愛的感覺。」

「被你愛是一件很幸福的事。」

從渴求別人給愛到有能力給予愛，從不斷往外求到明白我以爲我所缺的其實早已爲我所有，我變得非常開心。

成爲願意分享愛的人，愛並不會因此而匱乏，因爲愛是源源不絕的。

讓愛流動，對我來說，就是最好的溝通。

Chapter 6

說話與溝通的學習永無止境

第43堂

隨時隨地找機會

記下來

練習有覺知地說話，也是在練習有覺知地生活。

練習看看

1. 跟計程車司機或店員聊天。
2. 見面微笑，眼神交流。
3. 一天中找一個時段觀察自己。

讀到這裡，相信大家已經學到一些說話與溝通的方法，也試著以身邊的親友作爲練習對象。

我想進一步建議大家，有時候，不需要刻意找熟人來練習，**隨時隨地都可以找機會練習說話**。

比方說坐計程車的時候，跟計程車司機閒聊，或是去咖啡店點杯咖啡時，跟店員的互動也是練習的好機會。

你能不能正確判斷出店員當下的狀態？他可能很忙，完全無法跟你聊天，只想把事情趕快做完；或是他很熱情，也很樂意跟你聊關於店裡各種咖啡豆的特色與烘豆方式。

跟孩子練習、跟成人練習、跟長輩練習、跟與你用同一種語言的人練習、跟外國人練習，這個過程中不但精進了自己溝通的能力，還有機會看到這個世界的不同面向，在他人身上照見自己，多麼好玩有趣！

如果開口侃侃而談一開始對你來說有點困難，那麼不知道以下的方法會不會提供你一點靈感。

我最近給自己設計一個新的遊戲叫「**微笑的鼓勵**」。

我有時會去家附近的操場跑步，早上出門時總是會遇見許多外籍看護推著老人家出來走走，我留意到，或許是因爲太早，或許是因爲已經成爲例行公事，不管是推人的或被人推的那位，臉上總是沒什麼光彩。所以我就想，我是不是能做點什麼呢？我可能沒有時間停下來聊天，但擦肩而過的時候，我能留下或短暫交流點什麼嗎？只是對陌生人傻笑眞的要鼓起勇氣，所以我就先給自己定下每次任務至少要對三個陌生人微笑的目標。而且不能只有自己樂呵呵傻笑，還得要眼神交流，自己也會斟酌是不是還附上一個點頭。說實話，雖然我常常笑，但要完成任務有時還眞不那麼容易，你要看著別人的眼睛，別人不見得要看你啊！而且莫名其妙對別人笑，很多人一下也不知道怎麼反應。但是，當我也得到回應的微笑時，眞的有種特務間完成任務的快感。

練習也可以是你在一天中找一個時段，停下來觀察自己的狀態。今天精神狀態好還是不好？今天專注力高還是低？今天想說話或是不想說話？今天在跟人溝通時是認眞還是只想擺爛？

如同我一直強調的，聆聽自己是聆聽他人的開始喔！

練習有覺知地說話，也是在練習有覺知地生活。

做任何事都要有意識，不要讓自己常常處在autopilot（自動輔助駕駛）的狀態，而因此忽略了身邊的人所發給你的訊號。

以我爲例，有時候我跟男友相處，他問了我一個問題，我隨便回了他兩句，他便有些不開心地說：

「妳現在是autopilot嗎？妳繼續玩妳的Candy Crush或抓妳的寶可夢就好了，不用硬要回答我的問題，因爲妳的autopilot會讓我火大！」

這時候我意識到，我那時整個人的狀態就是鬆散，因爲我在玩遊戲。但是當溝通來找你時，就要解除autopilot，讓自己回到專注的狀態。

如果眞的不想說話，讓對方清楚知道你的狀態，比隨便敷衍回應幾句還更好得多。

隨時隨地練習有覺察地面對事情，這也是對自己誠實。

許多人以爲把自己腦子裡的話說出來就是誠實，但這個並不能與誠實畫上等號。所謂誠實是有足夠的覺察，知道自己眞正的想法，並且承認它，面對它。

例如有的人明明在吼人，他卻說：我根本沒有生氣啊！我只是嗓門大！

這就是對自己的憤怒不誠實。

純粹只是分貝高或是話語裡有怒氣，是很容易分辨出來的喔！

有時候腦子會引導你到錯誤的方向，通常會用違心的話語呈現，但並不是把這些違心話語一字不漏說出就是誠實，這只是autopilot般的無意識說話罷了。這些話一說出口，有時候會讓事情往你期待的反方向前進。

誠實的「誠」這個字非常有意思，它是由「言」和「成」組成，因此我認爲，眞正成功的溝通在於「誠」。只要是眞心誠意跟對方說話，不管對方接不接受，或是結果不如預期，都無愧於你想要溝通的這個初衷。

沒有透過覺察而說出來的話是虛假的，就算能說服別人，但是卻欺騙了自己，對我來說，這個溝通一點也不成功。

療癒時刻

許多人以為把自己腦子裡的話說出來
就是誠實。
所謂誠實是有足夠的覺察，
知道自己真正的想法，並且承認它，
面對它。

第44堂

自我覺察練習

記下來

練習聆聽自己就是在練習「覺察」。

練習看看

把聊天內容錄音之後重聽，你問了幾個問題？你問題的內容是什麼？朋友問了幾個問題？同時這個方法也是「聆聽自己」的練習。

爲了要讓無意識地說話進階到有覺察地說話，溝通需要隨時隨地練習，除此之外，你還可以**特地找個日子加強練習**。

在這一天，找個對溝通同樣有興趣的朋友，一起練習溝通，與朋友一起檢視彼此的說話內容，能夠更明確察覺自己需要改進的地方。

我的方法是：和朋友找個地方坐下來聊天，並且把聊天的內容全程錄音。回家之後，重聽和朋友聊天的內容。

你可以試著從錄音的內容中檢視幾個重點：

一、你總共問了朋友幾個問題？

二、你的問題的內容是什麼？

三、你讓朋友問你幾個問題？

四、朋友問你的問題，你回答的深入程度有多少？是花了很長時間回答，還是回覆了幾句就轉回到自己的問題上？

錄音的用意是讓你能用旁觀者的角度去檢視自己的溝通內容，很多人聽不到自己的說話，這個遊戲既好玩又眞實，眞實的地方是：透過這種方式而重新認識了自己。

原來自己說話的音調在別人耳中聽起來是這樣啊！原來自己說話這麼欠揍啊！原來自己都在說自己的事，根本沒在聽別人說話！我那時候怎麼會說出這種話！……

如果連你都覺得自己說話討人厭，或是活在自己的世界中，那麼如何與別人成功溝通？

眞實的你在錄音中現形，而這就是別人眼中的你。

透過錄音檢視，下一次和朋友說話時，你便會更加留意自己的說話內容，這就是所謂的「覺察」。

此外，把自己和他人溝通的對話過程錄下來再重聽，也是一種「聆聽自己」的練習。你可以回想，那時候說的某一段話，是自己眞心想說的話嗎？或是這段話後面還有別的含義？別人無法幫你檢視，只有你自己可以。

比方說，父母跟孩子說：你去玩五分鐘iPad好嗎？

事實上這句話的潛台詞很有可能是：你只要給我五分鐘不煩我就好了。

如果是如此，那麼父母爲什麼不直接跟孩子溝通：「我需要這五分鐘的安靜，我跟你保證，過了這五分鐘，我們就可以一起玩遊戲。」

不跟孩子說眞心話的父母，就是讓孩子一直活在謊言中，孩子們會不明白自己的父母到底想要什麼，或是爲什麼他們眼中的父母總是言行不一。

因此，言不由衷的父母，使得孩子也跟著學會用言不由衷對待其他人。

許多人不懂爲什麼與關係親密的人溝通常常受挫，往往是自我覺察能力不足而造成。

練習「聆聽自己」就是在練習「覺察」。

透過一次又一次練習，你會發現僵化的溝通與關係，也會隨之鬆開一點、再放鬆更多一點。

第45堂

從提問找答案

記下來

從提問中，你會發現自己的糾結點到底是什麼。

練習看看

1. 用一分鐘提問，如何說明自己目前的困境。
2. 介紹自己。

我做過幾場演講與座談，演講完我通常會留時間給現場聽眾提問題。我喜歡和現場互動，也能由此更了解來參加的聽眾想從演講中得到什麼，以及最困擾他們的事是什麼。

這些人會聚在一起參加同一個活動，一定有共同的理由，從Q&A時間中得知這些原因，常常比演講本身還更讓我興致勃勃。

通常只要有一個人發問，往往就可以同時解決許多人的問題。

如果大家沒有勇氣舉手提問，我會請現場聽眾把問題寫在紙條上再傳給我，從中挑選我最有感覺的、與現場所有人相關、回答會產生最大共鳴、以及可以往下繼續延伸的問題出來回答。

有人有勇氣舉手是再好也不過。會舉手提問的人，他本身一定是非常投入演講的內容中，而且他所提出的問題，往往就已經承載了自己的答案。

從提問中，你能發現自己的糾結點到底是什麼。

如果糾結的是家庭問題，通常提問者會把自己的家庭情況先說過一輪，再提出想問的問題；如果糾結的是感情問題，通常提問者會先將自己的戀愛史向所有人坦誠以告，再提出問題。如果糾結的是金錢問題，聽眾會在提出問題前，先侃侃而談目前面臨的金錢困境……

提問者從哪個角度切入提問，就能得知這個人的核心問題在哪裡。

因此，**如果你是提問者，你所陳述的情境，就是你當下最想解決的困境**。

舉例來說，在一次講座之後的Q＆A時間，現場有位成員發問：

「我是一間很有名的理科大學畢業的文科生，我常常覺得很沮喪，我的同學們都已經功成名就，公司股票分紅賺了很多錢，但我並沒有這樣的成就。我想問，我是不是該轉行去做與療癒相關的工作呢？」

於是我回答他：

「其實卡住你的不是該不該換工作這個問題，而是你被名牌大學以及別人對你的期待給框住了。當你在敘述自己的問題時，其實你已經得到解決問題的答案。去做療癒工作者這個決定，不需要去想是否會對不起所謂名牌理科大學畢業這個標籤，只要你掙脫框架，你便會得到十足的自由，朝著心之所向，去做讓你最能感受到喜悅的事情就好。」

這是答案就在敘述裡的最佳佐證。

如果這位名牌理科大學畢業生，能拋開「期待」這個枷鎖而走上療癒工作這條路，日後當別人問起：「你是如何走過這段路的呢？」而自己能夠給出答案，這就是人生最大的收穫。

答案就在問題裡還有一層含義是，其實**你想要的解答都在自己心裡**，有時開口問別人只是想得到佐證或是支持。我看過有人會重複問同一個問題：眞的不是這樣嗎？眞的不是我想的這樣嗎？即使被問的人已經回答說：不是。發問者還是鍥而不捨。其實發問者心裡早有定論，任何人的回答都不會改變他的想法。

假設你有一分鐘能提問，這一分鐘你會如何說明自己目前的困境呢？

此外，如果要請你介紹自己時，你會很有自信，還是會緊張，甚至會因此感到焦慮？

我想留下以上兩個問題讓你思考。

如果我們未來有緣在某場演講或講座見面，請告訴我你的答案。

第46堂

每個人都是學習的對象

記下來

只要我張開五感來聆聽，每個人都值得我停下腳步。

練習看看

聽聽別人說話的目的，態度是否積極樂觀？情緒是否開心或難過？有哪些特點可以學習，提醒哪些錯誤不要犯。

不管是熟人或是陌生人，誰都能成為我的說話學習對象。

例如我到一家餐廳去吃飯，我會觀察服務生如何介紹自家的餐點。有的服務生你一聽就知道他們已經先充分地理解、也吃過了每一道菜，因此他們抱著極大的熱忱跟你解說餐點，讓你彷彿置身於廚房，站在廚師身旁看著他做出一道菜的過程。甚至連食材的來源地，服務生也鉅細靡遺地介紹，讓你能聯想到食物產地的風土以及這道菜會有多美味。

有的服務生則只是把員工訓練時被教導的內容一字不漏背出來，菜也沒吃過，你只要再多問一句，就會變得支支吾吾說不出個所以然。

透過服務生，這家餐廳的優劣，當下立判。

這就是對於自己的說話內容是否感到熱忱的差別。

比方說去美國的餐廳吃飯都要付小費，有熱忱的服務生就是會讓你覺得：小費多給他一點吧，酒多開兩瓶吧。甚至你會看到顧客離開前，會先去跟服務生握手，並且說：「你讓這一餐變得非常好吃。」

不只是服務，說話充滿熱忱的服務生，也扮演著如同主持人的角色，把餐廳的餐點成功介紹給賓客，賓主盡歡。

我遇到的每一個人都是說話學習對象。這個人說話的目的是什麼？說話內容是什麼？說話態度是樂觀且積極？還是悲觀又退縮？說話的情緒是難過還是開心？……我會判斷，這個人的哪些特點我可以學起來，或是提醒我不要犯下跟這個人同樣的錯誤。

只要我張開五感來聆聽，每個人都值得我停下腳步。

在這些聆聽他人的過程中，我發現有的人會無意識地塡滿說話空間，害怕停下來，話說個不停。

通常這樣的人不想要思考，因爲只要話一停下來，他就不得不面對自己，而這是他最害怕的事，這樣的人通常會說：那個人如何如何；這食物好不好吃；電視新聞說了什麼……把焦點都放在其他人事物上，但卻迴避說自己。

如果彼此有一定程度的交情，這時候我會提醒他：「如果你現在不想說話，你可以不說。休息一下，喝點或吃點東西吧。」

給雙方一個停頓的時間，不一定要解決對方的問題，陪他吃完這頓飯就可以。

有的人則是說話會一直兜圈子，我可以察覺到他有事情想尋求幫助，此刻他的心中正不斷吶喊：「你怎麼還不問我問題？你怎麼還不問我問題？……」既然聽懂了，那就開口問吧。

聆聽帶領我學習說話，也讓我體驗各種生命歷程。我從這些他人的情境反思人生，每一個人都讓我學到珍貴的一課。

第47堂

從相聲學說話技巧

記下來

反覆練習得到許多受用一輩子的說話技巧與表達的勇氣。

練習看看

1. 練習說故事的起承轉合與角色扮演。
2. 練習說故事前腦子要先有畫面。
3. 練習說話的節奏。
4. 練習表演的效果。
5. 練習說話「丟接球」的功力與魅力。

從小我就愛說話。當我還是個小不點時，就喜歡聽大人們討論嚴肅的話題，也懂得察言觀色。雖然年紀小小，卻很愛裝大人發表意見——也許除了發表高見，我更享受的是大人們聽我說話的感覺吧。

我往往可以說得滔滔不絕、頭頭是道……但愛說話，就等於會說話嗎？這個問題的答案對當時的我來說，當然並不了解。

跟同齡的孩子相較之下，我的伶牙俐齒被小學的班導注意到了。老師認爲我適合去參加演講比賽，於是，小學四年級那年，我被老師推上演講比賽舞台！

這是我第一次上台表演。

演講也是一種表演，這無庸置疑。

老師親自爲我寫演講稿，正式比賽前，我們排練再排練，講稿和加強語氣的手勢我都背得滾瓜爛熟，老師對我相當有信心，認爲我沒有第一也有第二。

比賽那天，我把排練的成果徹底發揮，自認沒出大錯，我心想：達成老師的期待，一定沒有問題的。

參賽同學一一完成演講後，成績即將揭曉。我和老師坐在台下，心裡雖然忐忑，但對結果十分樂觀。

誰料當評審老師公布獲獎者時，我和老師的下巴驚訝得快掉到地上……

一個名次都沒得！怎麼可能！

我的表演近乎完美不是嗎？

老師也難以置信，她試著找出我演講時的破綻，想來想去，得到一個結論——我說話有廣東腔。

我．說．話．有．廣．東．腔？我自認從小是說標準國語長大的啊！

如果我說話有廣東腔，老師你為什麼要我去參加演講比賽啊？

這個解釋對我來說沒有解答我心裡的疑問，但的確讓我對說話這件事多了一層思考。

人生第一次上台，得來的卻是挫敗，這給了我很大的震撼與打擊。

原來，我是自以為會說話，而非眞的會說話。

有了這層體悟，我必須想辦法讓我的國語說得更「字正腔圓」，左思右想，何不來聽相聲？相聲演員的國語夠字正腔圓了吧。

掏出零用錢，立刻衝去唱片行買相聲錄音帶。

吳兆南與魏龍豪老師的相聲，還有表演工作坊的《那一夜，我們說相聲》《這一夜，誰來說相聲？》《又一夜，他們說相聲》……小學四年級開始，每到睡前我打開錄放音機，一遍又一遍聽著相聲大師們讓人拍案叫絕的段子。

每卷錄音帶我都聽過幾十甚至幾百遍，有的段子當年甚至倒背如流。在不斷重複聽之中，我從相聲中不只學到字正腔圓，還得到更多收穫。

有哪些收穫呢？

相聲教我說故事的起承轉合與角色扮演的重要。

除了從相聲中學到形容事物的技巧之外，在表演中，相聲演員往往要扮演許多角色，如何恰如其分讓不同角色輪番上場，每個角色看起來都栩栩如生，並且將故事說得引人入勝，這起承轉合最考驗說話者的功力。

比方說那一夜裡的李立群、金士傑，他們往往可以同時扮演男人、女人、老人、小孩、不同的口音……看相聲表演者如何模仿各個角色，補強了我說故事的技巧以及功力。

我會專注聆聽相聲表演者的說話方式，也就是我從他們的角度來看這個故事，這個故事會是何種光景，故事便呈現出另一種樣貌。

相聲告訴我不一定要很會模仿，重要的是說故事前腦子裡要先有畫面。例如今天要以一個四川人或義大利人的角色說話，要在腦子裡先想像那個人的樣子：他的長相如何？他個子高還是矮？他是荷爾蒙爆發的人呢？還是個害羞的人呢？……等等。

當你腦子裡有畫面時，你說話時的狀態會變得很具象，當你把故事說得栩栩如生時，別人就會進入這個畫面，這就是讓別人專心聽你說故事的一個很好的方法。

相聲讓我了解說話節奏的重要性。

說笑話時節奏尤其重要。同樣是一百字的笑話，從頭到尾毫不停頓、平鋪直敘地說完，聽者不會覺得好笑，但如果能適時在說話中鋪陳長短語氣、製造懸疑轉折，勾住聽者的好奇，當笑點一出來時，聽者往往能哈哈大笑，這才是在「說」笑話。

相聲讓我體會到表演的效果。

高中時，我曾參加過不少相聲比賽，我發現，同樣的段子在不同身體狀況下會有不同成績。狀況好時透過生動演繹，得獎如探囊取物；但如果比賽當天正好拉肚子，只是有氣無力照稿唸完，獎項就會跟我說掰掰。同樣的段子在不同的表達方式下，竟會有如此天差地別的效果。

相聲培養我說話「丟接球」的功力與魅力。如何接對方的話？如何將笑點繼續往上堆？一來一往之間，將笑點堆疊到最高點，最後點燃引信，就能讓全場氣氛嗨爆。

在高中時我開始試著自己寫段子，與同學組成相聲二人組去參加比賽。從當時的台北縣優勝，一路過關斬將，贏得了北區七縣市優勝和最佳表演獎，還得到參加全台灣相聲大賽的機會。

透過反覆聽相聲，我得到許多受用一輩子的說話技巧，更得到表達的勇氣。

從小我就知道，「把話說好」這件事很重要。不管是相聲，還是之後會談到的脫口秀，它們都能讓人開懷、讓人放鬆、讓人留下深刻記憶與餘韻，有許多說話技巧在裡面。它們是「語言的藝術」。

藉由聆聽這些語言藝術家的說話技巧，我拿到了把話說對、把話說好的入場門票！

第48堂

脫口秀學鋪哏與幽默

記下來

我想要幽默看待這個世界。

練習看看

1. 如何在日常生活中尋找笑點與亮點。

2. 看國外脫口秀節目，聽腔調、語氣起伏與節奏。順帶學英文。

從大學時代開始，我持續看脫口秀節目直到今天。說話幽默的人，能讓談話的雙方都開心。

我向來認爲除了把話說對、把話說好，「說好的話」也非常重要，因爲不管是誰都有「笑的渴求」，比起讓人愁眉苦臉，何不讓自己成爲快樂的啓動者呢？而喜歡講道理的我，如果能用幽默的方式來說理，是否更能讓對方聽進去呢？最重要的是：我想要幽默地看待這個世界。

「不管人生如何千瘡百孔，只要還笑得出來，就走得下去。」

我一直深深相信這句話。

我尋找學習幽默的方法，而且不能讓我覺得無趣，幸運地，我找到**脫口秀這個老師**，**它是幽默的最佳學習入口**。

觀看脫口秀演員的表演不僅能學到說笑話與鋪哏的技巧，還能讓自己笑開懷，兼具學習與娛樂效果。此外脫口秀不但是學說話的絕佳工具，也是進入世界的管道之一。

我會特別去看不同族裔的脫口秀演員表演，非洲裔、拉丁裔、印度裔……甚至還看跑去中東做脫口秀的埃及演員，他們從生活中找題材來娛樂觀眾，而我從這些演員的表演中看到「文化衝突」，這也是我特別有興趣的地方。

亞裔對西方世界來說也是外族，不是嗎？身處西方社會的他們，就是我們的借鏡。文化因為有不同所以才會有衝突，理解衝突是理解差異的開始，但如果彼此都能互相理解，是不是衝突就有解決的契機了呢？

透過這些脫口秀演員，我能感受到不同國家的人們正在關注哪些事；原來備受爭議的政治人物，可以用這些角度觀看與解讀；原來國與國、族裔與族裔之間的紛爭是來自這些衝突點……從不同觀看角度切入，就會有不同體會。

在體驗脫口秀給予我的文化衝突的同時，我想到：**人與人之間的溝通，其實也是一種文化撞擊啊！**

來自不同成長背景的我們，帶著各自的經驗用說話來溝通，就算使用的是相同語言，也不一定能理解彼此。因此，當我們在認識一個人時，絕不是只有單一面向這麼簡單。每個人的背後都有許多故事。

很多脫口秀演員常用自身的慘痛遭遇來幽自己一默，破產、失戀、離婚、吸毒……但他們總能從中萃取出好玩的哏來讓觀眾捧腹大笑，因此，脫口秀演員也教會我如何在日常生活中尋找到亮點甚至笑點，以及找到有共鳴的話題。

他們的嬉笑怒罵讓我們發笑，但在笑完之後，往往能提醒我們反過來觀看自己的人生。

在脫口秀節目中，你可以看到演員對自己扮演的角色都十分講究，有的人不太講髒字、老少皆宜，有的人愛開黃腔，有的人的風格就是刻薄。同樣拿川普來鋪哏，有的人會根據他的性別歧視來調侃，有些人會針對移民這個議題來談，有些人會拿他的形象問題來作文章，有些人會拿他的髮型來作爲笑點……每個演員的取向各有不同，我從中學到不同角色的說話方式。

說到鋪哏，有的演員會一開頭就先鋪哏，最後結尾時來個回馬槍再把哏說破，令所有觀眾恍然大悟，心想：原來如此啊！

不只是要嘴皮子，脫口秀演員就是自己的編劇與導演，這樣的全能表演者，可以算是我的表演啓蒙老師吧。

當然**看國外的脫口秀節目，還可以順帶學習英文**。

我注重的是「聽腔調」，聽他們說話的語氣起伏與節奏。以及聽他們日常生活中的慣用語，他們用哪些字、哪些形容詞來描述一件事情，進入他們的語感裡。

脫口秀還有一個大重點，就是聽他們如何鋪陳一段笑話。

說笑話其實就是在說故事，笑話裡有主角、有配角、有情緒、有情節，我從聆聽笑話中找到他們說故事的起承轉合。因此我認爲，說笑話給別人聽也是練習說話很好的方法之一。

最開始我是看艾迪．墨菲（Eddie Murphy）這位喜劇演員的脫口秀，摒除他的性笑話，艾迪墨菲是個超棒的表演者與說故事的人，他的脫口秀就像是在演一齣獨角戲，一個人分飾不同角色，笑哏不斷出現，就算是稀鬆平常的事，他也能說得很好笑。

後來接觸更多脫口秀演員，印度裔的加拿大人羅素．彼得斯（Russell Dominic Peters）、腹語術脫口秀大師傑夫．鄧罕（Jeff Dunham），Netflix的墨西哥裔脫口秀演員蓬鬆哥（Fluffy），以及美國新聞嘲諷節目《The Daily Show》主持人崔佛．諾亞（Trevor Noah），他們各有特色，我都相當欣賞。

跟相聲一樣，脫口秀好笑的段子，我會一再地重複看，每次看都能得到不同層次的體會，用寓教於樂的方式練習說話，實在太好玩啦！

療癒時刻

不管人生如何千瘡百孔，
只要還笑得出來就走得下去。

第49堂

多學一種語言

記下來

多學一種語言，能夠幫助你多學會一種價值觀，甚至能改變你對世界的看法。

不同的語言，建構不同的邏輯與價值觀，因此，光是學習另一種新的語言，眼界就會變得開闊。透過學習語言，你會知道，這個世界不是只有一種思考方式。

通常一種思考方式就是一種價值觀，這個價值觀，決定了你的人生怎麼做出選擇，怎麼說話，怎麼過日常生活，甚至是到了國外的一個陌生路口向左走或向右走，可能都與價值觀有關。

但很多時候，價值觀或眞相，並不是只有一種，只是看你用哪種角度去看待它，當你能夠用越多的角度去看待這個世界時，你的溝通就會變得更寬廣。這是因爲，你說話時不會再執著於一種觀點。

在科學的領域裡，眞相可能只有一種，但人性可不是如此。例如我們在新聞報導中看到一個標題寫著某某人在路上撞死人，大部分人可能會義憤填膺地說：太過分啦！可是那個肇事者，他心裡可能有許多糾葛，或許他是爲了閃避另外兩個人，所以才意外撞上了這個人，由此看來，眞相不僅僅只存在於表面的事故。五分鐘或五百字的報導怎能涵蓋一個人的人生？

而多學一種語言，能夠幫助你多學會一種價值觀，甚至能改變你對世界的看法。我想用近來我特別喜愛的脫口秀演員崔佛．諾亞（Trevor Noah）來說明，從他的表演中，我學到看待人生的智慧。

南非裔的崔佛是混血兒，母親是南非黑人、父親是瑞士白人的他，由於不黑不白的膚色，從小備受歧視，甚至由於種族隔離制度，他與父親不能住在一起，他甚至不能跟他的母親一起走在路上。但他的母親，卻教會他用另一種角度看世界。

崔佛以他的南非口音與看待美國問題的獨特視野走紅，自二〇一六年起成爲最受歡迎的新聞嘲諷節目《The Daily Show》主持人。

在《The Daily Show》中，崔佛以幽默的方式與觀眾分享他初到美國時所受到的文化衝突與種族歧視，他在網飛（Netflix）有個名爲〈Son of Patricia〉的特集中說到，在美國絕不能說出比F開頭的字眼還可怕的nigger（黑鬼），可是nigger這個禁忌的發音在南非語中是「歸還」的意思。因此崔佛在美國被罵nigger時，他一點也不受傷，反而想起在南非時的童年回憶，比方說當他和弟弟爭奪玩具時，他的母親Patricia會先用英文訓斥他，如果還是講不聽，他母親會大吼「Nigger!」叫他把玩具還給弟弟。

他用新的角度去看待原本是意欲傷害他的字句，用不同的語言文化詮釋之後，就不需要背負原本那個字所帶來的負擔。

崔佛在〈Son of Patricia〉中說，他的母親教會他面對人生困境的方法。

崔佛記得小時候他與母親走在南非街頭時，會有人怒罵他：「你這混血兒雜種！」並且用一些難聽的字眼問候他們。

他問母親：「妳爲什麼都不生氣？他們這麼過分！」

她母親說：「兒子，你知道我是怎麼做的嗎？當別人用髒話問候我時，我先把它們收過來（請想像崔佛此時雙手如吸星大法般吸取對方功力），將它們與耶穌的愛融合之後（再想像他用雙手揉麵團的動作），再『歸還』（sent it back）給那些怒罵我的人（這時想像崔佛雙手如使出龜派氣功般向外發功）！」

當崔佛做出如乾坤大挪移般借力使力的表演之後，全場大笑。而幽默的背後，其實在告訴觀眾——你不必以牙還牙，而是以愛看待傷害。

他又說有一次他在美國不小心闖紅燈，被一位白人駕駛大罵：「Hey, you nigger!」此時他想起母親的話：與耶穌的愛融合之後，再「歸還」給那些人。於是他也回話：「Hey, you nigger!」但是是笑著說的。

從沒經歷過這種事的白人，當場嚇得不敢再多吭半句話，還趕緊看看自己的雙手是否膚色變黑了！

多學一種語言，就是多學會一種文化以及表達與溝通方式。崔佛以幽默的方式印證，充滿愛與真誠。

第50堂

面對內心的恐懼，走上改變之路

記下來

說話與溝通可以療癒自己、改變人生。

現在看起來好像有點找到自信的我，在說話這件事上也不是一帆風順。拍攝《明天之前》紀錄片時，我全程用英文採訪，但事實上，有很長一段時間我對於開口說英文是恐懼的。

時間要往回推到我高中三年級時。當時英文老師覺得我的英文還不錯，高二時去參加相聲比賽也表現優異，於是推派我去參加英文演講比賽。

比賽有兩種題目：指定題與抽選題。指定題我可以事先做準備，但抽選題就得看臨場反應了。

我還記得那次演講比賽的指定題是「波斯灣戰爭」，我去學了一堆與戰爭有關的名詞、地名，講稿我準備得洋洋灑灑，在比賽時說得字正腔圓，演說結束之後英文老師覺得我實在說得太棒了，這次一定會贏！

接下來到了抽選題這一關。每個選手抽到題目後，現場只有十到十五分鐘的準備時間，就要上台做五分鐘的演講。

那個時候，我不知道爲什麼我突然害怕了起來，講不到兩分鐘我就走下台。看著我走下台的英文老師，瞪大眼睛張大嘴，一副不可置信。

雖然老師安慰我說沒關係，但我覺得自己的表現眞是爛透了！

而這個挫折，我居然花了二十幾年的時間才漸漸走出來。

演講比賽之後，說英文時我變得會緊張，看到外國人時更緊張。我覺得我英文最好的狀態停留在高三英文比賽前，接下來再也沒有進步。

雖然後來爲了出國留學，托福考試也通過了，但是在口說這件事上，我一直有陰影存在。

直到二〇一六年我做了一個Discovery的紀錄片，才重新去正視英文。我跟一位英國的戶外探險家主持貝人秀，他帶著英國與美國的團隊跟我一起在中國與美國出外景。

做這個節目時，我赫然發現我的英文不夠用，而且與外國人溝通時的緊張感又出現了，於是在二〇一七年時，我毅然決然找了一位英文老師，重拾英文學習。

當時我有兩個想法，一是：我先學好英文做好預備，也許將來用得上；二是在二〇一六年底，我在美國買了一本《Time》時代雜誌，雜誌的封面故事是脫口秀如何影響了美國的選舉，我對脫口秀非常有興趣，但那篇文章我就算把每個字都查完，還是看不懂，我希望老師能幫助我看懂這篇文章。

因此我開始了一個星期找英文老師上一天課的日子，直到《明天之前》紀錄片這個工作找上門來。

如果不是上了一年多的英文課，我還真沒有勇氣接《明天之前》這個全英文的訪問工作。還記得第一次出發拍攝的前一個星期，我跟英文老師說：「我壓力好大。」說著說著，我掉下了眼淚。

英文老師一直覺得我是個非常樂觀、非常勇於表達的人，看到我哭泣她慌了，不知道該如何安慰我。

盡情哭完之後我去洗手間洗個臉，一個念頭突然跑到我腦海裡：我對英文的恐懼，原來是從高三參加英文比賽，在一種很羞愧的狀態下離開演講台，就一直存在那裡。而我現在必須面對這個恐懼。

下一個念頭是：如果我把紀錄片拍完，走完這趟旅程，我就再也不是當年那個在演講台上不知所措的小女生了。

如今我已拍完《明天之前》，也確確實實跟那個當年不知所措的我告別了。我做好了準備，人生也給了做好準備的我一次蛻變的機會，以及一趟彌足珍貴的歷練。

在拍攝過程中，一位墨西哥的製片不時提醒我，他說：

「寶儀，那些妳想把英文說好、想要做出很棒的訪談的壓力，其實都想太多了。妳應該做一個什麼都不懂的人，因爲不懂，所以向別人發問，請對方告訴妳該怎麼做，這就是最好的溝通。」

如果只是想著「設計」別人說出自己想聽的話，別人未必領情；可是如果用「我不懂，請你告訴我」的姿態，對方反而願意傾囊相授。

一切先把自己放下，才能獲得更多。

從讀書、開始用好玩的方式跟人溝通，直到後來我讓說話成爲我的職業，關於說話，這一路走來我有太多太多的回憶與收穫。

對我來說，說話是我療癒自己的方式之一。這些回憶、收穫與療癒的過程，在經過二十多年的琢磨之後，現在我將它們交到你的手上。

說話與溝通可以療癒自己、**改變人生**。

我相信說話與溝通也能帶給你這些轉變，引領你獲得只屬於自己的珍貴體驗。

療癒時刻

一切先把自己放下，能獲得更多。

認識自己的奇幻旅程

第一位練習者感言
陳映璇／大田出版行銷編輯・23歲

如果我在人群中被分類，絕對是屬於「安靜」那個區塊。在他人眼中，我或許沒有顏色，淡淡地浮在他們生活之中。團體裡，我很少表達自己，總是聽別人說話，我非常習慣這個狀態，總是覺得自己的想法，其實也沒什麼大不了的，於是更少表達。

原本，對於這樣的自己，一點也不在意，總覺得我的個性就是如此，安安靜靜。

直到我遇見曾寶儀。

閱讀《50堂最療癒人心的說話練習》心中有股強烈興奮，還記得那天我坐在咖啡店二樓，天空下著毛毛雨，我從窗外向下看，看著正在過馬路的人、看著撐傘的少年、看著蹬上腳踏車的伯伯，腦中只有一個強烈想法：「我好想跟人說說話，好想認識更多人……」

掩不住興奮，我離開咖啡店，在雨天中走了長長的路。路途中，開始回顧過去的自己，檢視現在的我，思考著：「爲什麼這本書，會帶給我如此強烈的渴望？我渴望什麼？」

我想，我是渴望能被人理解（或許每個人都是），渴望與人交流，所以看見曾寶儀在主持、採訪現場，與觀眾、受訪者溝通的過程中，他們因爲相互理解而產生感動、愉悅，我無比嚮往，在心中吶喊：「這種感動正是我生活中所缺乏的！」

在雨中散步的時候，曾寶儀有兩句話旋繞在我腦海中：

學習說話的第一步，是認識自己。

察覺自己的情緒，是了解自己很好的起點。

揮之不去，這兩句話緊緊跟著我……接下來的日子裡，我踏上奇幻旅程。

日常裡的細微，都成爲我的說話練習題，世界開始膨脹。

吃飯的時候問自己，這一碗乾麵好吃嗎？這家店的白飯，跟另一家店的白飯吃起來有沒有不一樣？要怎麼形容鮭魚生魚片，與鮪魚生魚片的差異？

走路的時候問自己：平常走路的時候，都在想些什麼？離開捷運站的瞬間，爲什麼總是感到舒暢？原來我走路會後腳跟先著地，肩膀會聳起來……

進公司前，問自己：「今天的街道看起來如何？」

推開咖啡店的大門，問自己：「這間店的裝潢給我什麼感覺？」

跟小狗玩，問自己：「現在我臉上是什麼表情呢？」

睡前闔上雙眼，問自己：「閉上眼睛後，我看到了什麼？」

曾寶儀所說的「閃光點」正散落在每個角落，生活總是發亮，像魔法一般。到了這時候我才發現，原來小小的房間，其實很大，門外的世界，是開闊得我無法想像。

到了這裡，我的旅程還沒有結束，下一步，從母親開始。

一天晚上，媽媽在電話另一頭跟我說：「我覺得我們的心越離越遠了。」

我頓時不知所措，她語氣充滿悲傷，我完全不知道如何回覆。過去的我，或許會輕聲安慰她，跟她說：「我會多回家陪陪妳。」然後掛上電話吧。

但是我一直了解，媽媽不只要我多陪她，她正在跟我說她的孤單，她的無助，我只是不斷逃避面對這個問題。

這次我知道自己不能掛上電話，假裝一切都沒發生。

接著，我開始跟媽媽表白，我說：「媽媽，妳大概是覺得妳越來越不了解自己的孩子了……這是我的問題，我是一個不敢表達心情的人，我總是跟妳說我每天都過得很好，但是其實生活中有很多難過與困惑，每天其實有很多情緒可以跟妳分享，而我總是會覺得妳不想聽……」

我說完之後，電話兩端都沉默了。

過了一陣子，媽媽輕輕說：「妳都沒說，妳怎麼會知道我不想聽？」是啊，我不知道別人會不會想聽，只是我習慣了，以爲自己說的話沒有人要聽，所以「不說」成了我的表達方式。

在掛上電話前，我感受到媽媽的口氣變溫柔了，她說：「都不知道，原來我的女兒是這樣的個性。」而我回答：「對呀，這樣的個性，我也是跟妳講完後才發現呢！」

這趟奇幻旅程，從與媽媽對話過後，又開啓新的一章。原來我眞的可以在溝通中發現自我，跟曾寶儀說的一模一樣。

《50堂最療癒人心的說話練習》像是奇幻旅程的指南針，告訴我任務方向、破解方法。在旅途中，發現「說話練習」不只是練習說話，更是練習「了解自己」，誠實接受自己的個性，並且愉快地表達出來。

現在，我的旅程仍在繼續，或許沒有結束的一天，每天練習說話，練習生活，練習用溝通去愛這個世界。

後記

世界上最好玩的地方——在自己的心裡

這是一本還沒寫完的書。

截稿後，每一天，我都能遇到在溝通上值得分享的事想要加在書裡。

每一天，我都還在學習。

一直到三月底的時候，我看到一篇文章，介紹一位日本的佛學大師——松原泰道，他曾經寫過一本書叫《學習死亡》。他說：「死亡像不停行走的鐘，每一秒都存在，也許這是一本寫不完的書，但寫不完又有什麼關係呢？人生總是半途終結的。我們每天只需盡力做好能做的事，力所不及的事，就交給蒼天吧。」

於是我放下了。決定把學習了四十六年的我交到你們手上，希望看著一路上跌跌撞撞但仍樂此不疲的我，能給你們一些鼓勵與啓發。

我很喜歡人，年紀越大，越是能在溝通與觀察的過程中，體會與欣賞每個獨一無二的個體散發出來的光芒，不同的信念與價值觀交織出不同的命運與人生路徑，這是身而爲人活在這個世上的一份禮物，我像個身處在遊樂園的孩子，享受各種相遇帶給我的體悟與驚喜。

謝謝小燕姐，謝謝您讓我找到我可以做一輩子的工作，謝謝您多年來如師如母的教導，年輕的時候我常想，要是我能有您一半功力就好了，但漸漸我明白，如同您之於演藝圈是The one and the only one，我也應該努力地成爲自己才對！希望這本書無負於您一直以來的指導，沒給師父丟臉啊！

謝謝林懷民老師，德高望重如您，常常像個孩子似的，願意與我這個小輩分享生活與美，而且總是不吝給我機會、給我鼓勵。在您身邊的時候，我常常會湧起何德何能的感覺。謝謝您在百忙之中帶著我的書稿出國工作，只爲了能在書裡給我肯定。

沒有跟您分享過的是，我想找您幫我寫序的一個隱藏版原因。

那是第一次，我站上池上田裡的舞台，爲雲門主持時，我被我自己開口說的第一句話震驚了——我沒有聽過自己的聲音這麼好聽地從音響裡傳送出來過。

主持常常是不被活動重視的一個環節，如果是演唱活動，歌手與樂手能從耳機裡聽到自己的聲音，舞台上聲音的反送常常被忽略，更不用說其它一般的活動，觀眾席的音響總是比台上的更被看重。因爲是雲門，除了觀眾以外，台上舞者聽到的音樂質感很重要，於是我這個主持人得以雨露均霑地得到難得的體驗，第一次，在一個戶外開闊的場合，我能溫柔溫暖地說我的開場白，也得到了一個重新認識自己聲音的機會。謝謝您，也謝謝雲門。

謝謝培園，謝謝妳這麼多年來（算得上是大半輩子了吧）挖掘我腦子裡奇怪的想法，不離不棄地催促我寫作，妳知道的，沒有妳根本不會有這本書。

謝謝曉玲，謝謝妳的聆聽與整理，謝謝妳把我用熱情說出來的話，如實地用溫暖的文字呈現。謝謝鳳儀，謝謝妳辛苦地對稿，分類，摘文，讓讀者可以用最快速清楚的方法，吸收我的分享。這是我們一起用心完成的作品，希望我們的心意大家都收到了。

謝謝舒皮，早在第一次看到妳的創作時，我就知道有一天我們一定會合作的，把我的臉交給妳我很放心啊！

謝謝方姐這位沒有出現在書裡的藏鏡人，謝謝妳不管是在靈性之旅還是座談會時，總是不吝給我鼓勵，邀請我去妳的ＥＭＢＡ班上演講，還用心的把內容整理成大綱，那些大綱就是這本書的原型，謝謝妳幫助我找到人生的新方向。

謝謝映璇，雖然我們素未謀面，但是在出版前能得到妳的肯定，讀到妳實際操作的感想，眞的讓我又振奮、又感動、又開心，妳是老天爺在這個時候派來給我的天使，我是這麼相信著的！

謝謝我的家人，謝謝你們不管我在外面做得好或不好，永遠用毒舌磨練我的意志力，提醒我我是誰。能跟你們成爲家人是我一生中最幸福的事。

謝謝我們家那位，你永遠是我身邊最嚴厲也最寬容的目光。抱歉把低調的你寫在書裡，那些再眞實不過的成長彌足珍貴，親密關係眞的是人生中甜蜜又複雜的課題，謝謝你在茫茫人海中找到了我，謝謝你幫助我一步一步地找到我自己也讓我做自己，你的存在與陪伴是我生命中最好的禮物。

謝謝我的經紀人可妍與阿牛，我知道照顧我是件不容易的事，謝謝你們讓我在這個喧擾的工作圈還能保有自己的樣子。

謝謝曾經在我人生中長時間或短暫相遇的同學同事朋友，甚至是一期一會的受訪者與採訪者，謝謝你們給我功課給我支持給我照見自己的機會，讓我成爲現在的我。

謝謝曾經與我相遇的美食、美景、日出日落、大樹、植物與動物，謝謝你們曾經帶來的療癒與能量，還有那些値得感恩的巧合與奇遇，我相信，我是深深深深被愛著的。

我還想謝謝我自己。過了四十歲，才逐漸明白，地球上最好玩的地方，不在哪個很難去到的旅遊景點，而是在自己心裡。今年生日我給自己許下一個宏大的願望：

我要無所畏懼地自由地活著！

我知道這個野心有點大，但我願意每一天都與它同在。謝謝我自己有著願意探索世界與探索自己的勇氣，謝謝我那獨一無二無可取代的精彩人生。

曾經在主持一個身心靈活動時，主講者突然轉過頭來問我說：寶儀，什麼是訊息？我被突如其來的考題弄慌了手腳，胡亂地說了一些我曾經在書裡看到的答案，以爲這樣就可以蒙混過關。主講者說：不是。我們來靜心吧！靜心的過程中，我一面懊惱剛剛的表現不好，一面也提醒自己，不如就靜下心想，到底什麼是訊息？靜心結束，主講者又再問我一次：寶儀，什麼是訊息？我心裡有個答案但吞吞吐吐吱吱唔唔不好意思說出來。後來我鼓起勇氣，我說：我就是訊息！

我就是訊息，我努力活出的生命就是我帶給這個世界的訊息！

你也是訊息。希望我們帶給這個世界都是充滿愛與能量的訊息。

最後謝謝願意看到這裡的每一個你們。我相信每一句說出來的話，每一個決定都是對宇宙的表態。希望這本小小的書能給你們帶來一點鼓勵，也希望你們能開展無畏無懼沒有後悔的人生！

creative 137

50堂最療癒人心的說話練習：
在溝通中肯定自己，觸動他人
（溫暖燙金暢銷版）

填回函雙重禮
① 立即送購書優惠券
② 抽獎小禮物

作　　者—曾寶儀
文字協力—蔡曉玲
出　版　者—大田出版有限公司
台北市一〇四四五 中山北路二段二十六巷二號二樓
E - m a i l—titan@morningstar.com.tw http：//www.titan3.com.tw
編輯部專線—（02）2562-1383 傳真：（02）2581-8761
總　編　輯—莊培園
副總編輯—蔡鳳儀
行政編輯—鄭鈺澐／楊雅涵
校　　對—金文蕙／黃薇霓
內頁美術—陳柔含
初　　刷—二〇一九年五月十二日 定價：三五〇元
十　　刷—二〇二二年十二月十二日
購書E-mail—service@morningstar.com.tw
網路書店—http://www.morningstar.com.tw（晨星網路書店）
郵政劃撥—15060393（知己圖書股份有限公司）
讀者專線—TEL：04-23595819#212 FAX：04-23595493
印　　刷—上好印刷股份有限公司
國際書碼—978-986-179-559-1 CIP：192.32/108002614

國家圖書館出版品預行編目資料

50 堂最療癒人心的說話練習：在溝通中肯定自己，觸動他人／曾寶儀著.
——初版——臺北市：大田，2019.05
面；公分. ——（creative；137）
ISBN 978-986-179-559-1（平裝）
192.32　108002614